本专著系国家教育部人文社会科学研究规划基金项目"油气资源型
发展研究"（项目编号：09YJA790171）研究成果

经济管理学术文库·经济类

绿色发展理念下油气城市
循环经济发展研究

Research on the Development of Oil and Gas Resources City's Circular Economy under the Concept of Green Development

南剑飞／著

经济管理出版社

ECONOMY & MANAGEMENT PUBLISHING HOUSE

图书在版编目（CIP）数据

绿色发展理念下油气城市循环经济发展研究/南剑飞著 . —北京：经济管理出版社，2019.6

ISBN 978 - 7 - 5096 - 6479 - 7

Ⅰ. ①绿…　Ⅱ. ①南…　Ⅲ. ①城市经济—绿色经济—经济发展—研究—中国　Ⅳ. ①F299.21

中国版本图书馆 CIP 数据核字（2019）第 060423 号

组稿编辑：宋　娜
责任编辑：张　昕　田乃馨　朱江涛
责任印制：黄章平
责任校对：王淑卿

出版发行：经济管理出版社
　　　　　（北京市海淀区北蜂窝 8 号中雅大厦 A 座 11 层　100038）
网　　址：www. E - mp. com. cn
电　　话：（010）51915602
印　　刷：三河市延风印装有限公司
经　　销：新华书店
开　　本：720mm×1000mm/16
印　　张：13.25
字　　数：216 千字
版　　次：2019 年 7 月第 1 版　　2019 年 7 月第 1 次印刷
书　　号：ISBN 978 - 7 - 5096 - 6479 - 7
定　　价：98.00 元

摘　要

　　资源型城市是依托资源开发而发展起来的城市，具有因资源而生的特性。这种资源往往不可再生，所以资源型城市一开始就不得不面临着转型和可持续发展的严峻挑战与巨大考验。因此，对资源型城市的发展问题（特别是其可持续发展问题）进行深入研究势在必行。多年来，国内学者对资源型城市的工业布局规划、产业结构多元化调整、经济转型和实现可持续发展进行了理论探索，为我国资源型城市发展提供了有力的指导。但是，因为线性经济发展模式不可能实现资源型城市可持续发展，所以很多资源型城市不但没有摆脱困境，甚至还成了典型的资源枯竭型城市，其中包括油气资源型城市。

　　油气资源型城市是提供我国石油天然气能源物资的主体、以油气开采业为支柱产业的城市，它是资源型城市的重要组成部分，为我国经济和社会的发展做出了重大贡献。但是，油气资源型城市近年来也面临矿竭城衰和生态环境破坏严重等问题。因此，研究并探索油气资源型城市科学发展问题（特别是其可持续发展的途径或路径）已迫在眉睫。

　　在中国经济整体进入新常态，创新转型升级成为主旋律的大背景下，全面深化改革的重要内容与应有之义的生态文明建设体制改革已启动。习近平指出，"绿水青山就是金山银山；我们既要金山银山，也要绿水青山"。李克强指出，"要把绿色低碳循环经济发展作为生态文明建设的重要内容"。循环经济是一种生态型、环保型经济，是实现经济与社会生态和谐发展的最佳模式，也是促进我国油气资源型城市科学发展、绿色发展及可持续发展的必由之路，更是实现全面建成小康社会目标的必然选择。国内外实践已证明，发展循环经济是实现经济发展、资源开发、环境保护"共赢"、解决油气资源型城市资源开发利用、环境污染治理和能源区生态恢复的最佳选择。因此，依托循环经济促进油气资源型城市科学发展是新时代油气资源型城市建设者和管理者所面临的战略使命与必然抉择。

以习近平新时代中国特色社会主义思想和党的十九大精神为指导，以践行绿色发展新理念落实"生态文明建设战略"与"循环发展引领行动"，促进"经济绿色转型发展"，提升城市发展质量效益，构建可持续发展生态城市，实现"美丽中国与民族复兴的中国梦"为目标，依托相关理论，基于内外视角，本书立足于全面深化改革下油气资源型城市实际，紧密结合我国油气资源型城市具体特性与发展现状，学习借鉴国内外先进理论实践，以经济新常态下我国油气资源型城市循环经济发展为研究焦点，按照问题提出、关系梳理、现状诊断、影响因素（包括政策制度、科技水平、人力资源、产业结构、观念意识等）、动力机制、系统构建（含绿色产业系统、基础设施系统、技术支撑系统和社会保障系统等）、评价体系、发展对策（厘清发展思路的架构）进行研究。除把握重点产业外，油气资源型城市经营管理者还需要在实践中制定有效的发展战略、发展策略及一般模式，包括产业转型与结构调整，大力发展非油气业，使资源型城市演变为综合性城市；通过构建生态企业群、生态产业园发展区域循环经济，使资源型城市演变为生态型城市；通过提高现有资源利用效率，节能减排降耗，打造节约型城市；通过寻找、发现并开发利用新兴资源，依托高科技延长资源型城市的生命周期，构建科技型城市，并在此过程中发展循环经济，实现可持续发展等，应用实施科学研究，制定循环经济发展的总体规划；大力宣传、引导公众树立循环经济的新理念；健全立法，加大政府对循环经济的政策扶持；建立技术体系，为循环经济的发展提供有力的技术支持；引导循环消费，以循环经济的发展模式建设现代节约型城市；创建生态工业园区，坚持试点示范和不同层面的有序推进等几方面，由定性研究到定量研究，由理论研究到实证分析，其间又穿插对比研究，着重对我国油气资源型城市循环经济发展问题进行了深入系统研究，为不断增强我国油气资源型城市发展后劲，持续提高我国油气资源型城市核心竞争力，推动和加快我国油气资源型城市的现代化建设，促进和实现新时代下我国油气资源型城市和中外其他资源型城市创新、转型、科学、绿色、低碳、循环发展，以及为可持续发展提供重要参考。

关键词：绿色发展理念；循环经济发展；油气资源型城市；城市经济管理

Abstract

The resource-based city is a city developed on the basis of resource exploitation, which has the characteristics of resources. However, this kind of resource is not renewable, so the resource-based cities have to face the severe challenge of transformation and sustainable development. Therefore, it is imperative to carry out further research on the development of resource-based cities. Over the years, the domestic scholars have made a theoretical exploration on the industrial layout planning, industrial structure adjustment, economic transformation and sustainable development, which provides a powerful guidance for the development of resource-based cities in China. However, it is impossible to realize the sustainable development of resource-based cities because of the linear economic development model. Therefore, many resource-based cities are still not out of the woods, but also become a typical resource-exhausted cities, including oil and gas resources-based cities.

The oil and gas resources-based city is the main body of China's oil and gas energy supplies and is an important part of resource-based cities, which is based on oil and gas exploitation and has made great contributions to the development of China's economy and society. However, in recent years, the oil and gas resources-based cities are also facing the problems such as the depletion of the mine and the destruction of the ecological environment. Therefore, it is urgent to study and explore the scientific development of oil and gas resources-based cities, especially the way and path of sustainable development.

Under the background of China's economy as a whole into the new normal and innovation and upgrading being the main theme, as an important content and the meaning of the comprehensive deepening reform, the ecological civilization construction system reform has started. Xi Jinping points out that the beautiful scenery is green mountains and clear water. We want both mountains gold and silver and beautiful scenery. Li Keqiang points out that the development of green low-carbon circular economy is an important part of ecological civilization construction. Circular economy is a kind of ecological and environmental protection economy, the best mode to realize the harmonious development of economy and ecology, the only way to promote the scientific development, green development and sustainable development of oil and gas resources-based cities and the inevitable choice to realize the goal of building a well off society in an all round way. Domestic and international practice has proved that the development of circular economy is the best choice to achieve economic development, resource development, environmental protection "win-win", to solve the problem of resource exploitation and utilization of oil and gas resources, environmental pollution control and ecological restoration of the energy zone. Therefore, promoting the scientific development of the oil and gas resources-based city based on the circular economy is the strategic mission and inevitable choice for the builders and managers of oil and gas resources-based cities.

In order to implement the strategy of "ecological civilization construction" and "circular economy development" "sustainable development" "ecological city" and "beautiful China" as the goal, "Innovation and transformation and upgrading of green development of the latest ideas" as the fundamental guidance, this book is based on the comprehensive deepening reform of the oil and gas resources-based city situation, closely connecting with the current situation of China's oil and gas resources-based cities' specific characteristics and development, learning from the advanced theory and practice, focusing on the development of China's oil and gas resources type city, circular economy in the new norm. This book focuses on nine aspects, such as the issue, the relationship between the comb, the current situation of the diagnosis, the impact of factors (including policy system, science and technology level, human resources, industrial structure, concept, etc.), dynamic mechanism, system construction (including green industrial system, infrastructure system, technical support system and social security system, etc.), evaluation system, development strategies (involving the development of ideas, grasp the key industries, oil and gas resources city managers need to practice in the development of effective development strategies, development strategies and the general model, etc.), application and Implementation (including scientific research, overall planning; formulate the development of circular economy and vigorously promote, guide the public to establish a new concept of circular economy; perfecting legislation, increasing government policy to support recycling economy; the establishment of technology system, provide strong technical support for the development of circular economy; circular guide consumption, with the construction of circular economy development pattern the modern economical city; create eco – industrial park, adhere to the pilot demonstration at different levels and orderly, etc.). In this book, The qualitative research and quantitative research, theoretical research and empirical analysis are used. The book focuses on the construction and development of circular economy system in China's oil and gas resources–based cities, which provides an important reference to cultivate and improve China's oil and gas resources–based cities' core competitiveness, promote and accelerate China's oil and gas resources–based cities' modernization, promote and realize the innovation of China's oil and gas resources–based cities' upgrading and transformation of science, green development, harmonious development, harmonious development and sustainable development.

Key Words: Concept of Green Development; Circular Economy Development; Oil and Gas Resources–based City; City Economic Management

目 录

第一章 绪 论

第一节 选题依据及研究意义

一、选题依据

作为现代城市重要构成的我国资源型城市在城市化与工业化进程中占有重要地位。据统计，资源型城市矿业就业人员超过 3 亿，资源型城市矿业工人占全国的 80%，资源型城市总人口占全国的 25%。另据统计，我国 95% 的能源、80% 的工业原材料和 75% 的农业生产资料都来自资源型城市。这些城市的矿业及矿产品产值占工业总产值的 50% 以上，其国内生产总值 GDP 占全国近 40%，人均约为全国平均值的 2 倍。一方面，这些城市为国民经济和社会发展做出了重大贡献；另一方面，这些城市大都面临产业单一、矿竭城衰、就业安置及生态环境等问题。例如，据统计，我国 15% 的资源型城市已进入衰竭状态，我国有 400 多座矿山已出现无矿可采危机，300 多万矿工和上千万职工家属工作和生活已受到直接影响。这些问题已经影响到新时代我国国民经济健康持续发展和社会长治久安，因而，研究我国资源型城市转型发展以及可持续发展路径已刻不容缓。

油气资源型城市系特定类型的资源型城市，是指以提供石油天然气能源物资为主、以油气开采业为支柱产业的资源型城市，可简称为油气城市。这些城市不仅为国民经济与社会发展做出了重大贡献，也使其催生了油气开采业为主的单一产业结构。近年来，随着油气资源储量逐步减少，油气产量逐年递减，这使油气资源型城市的经济发展与社会稳定受到了重要影响。例如，以油气城市大庆为例，经过58年开发，大庆油田产量经历了快速增长、高产稳产和产量递减三阶段（其中5000万吨以上高产稳产了27年）。但随后油气资源品位变差、产量锐减，这给大庆、濮阳等油气城市发展造成严峻挑战。因此，如何促进油气资源型城市科学发展、绿色发展及可持续发展，不仅是油气资源型城市当前与未来的首要任务，也是我国油气资源型城市创新驱动、转型发展的最终归宿。

在中国进入新时代、中国经济进入新常态，创新转型升级成为主旋律的大背景下，作为全面深化改革重要内容之一的生态文明建设至关重要。习近平指出，"绿水青山就是金山银山；我们既要金山银山，也要绿水青山"。李克强指出，"要把绿色低碳循环经济发展作为生态文明建设的重要内容"。循环经济是一种生态型、环保型经济，是实现经济与社会生态协调发展的最佳模式，也是促进我国油气资源型城市科学发展、绿色发展及可持续发展的必由之路，更是实现全面建成小康社会目标的必然选择。基于此，依托教育部人文社科规划项目，本书旨在以习近平新时代中国特色社会主义思想为指导，以油气城市循环经济为焦点，在诊断分析其现状问题的基础上，构建循环经济系统，制定循环经济发展对策，持续增强发展后劲，不断提升核心竞争力，不断推进其绿色发展及可持续发展。

二、研究意义

当前，全球经济增长正面临环境污染与资源短缺二重约束。为了缓解发展中已产生的资源、环境、人口、经济、社会之间的矛盾，世界各国探索循环经济发展道路，日本、德国和美国更是走在全球循环经济实践前列。2002年在全球环境大会上我国代表提出："只有走以最有效利用资源和保护环境为基础的循环经济之路，可持续发展才能得到实现。"2005年国家发改委等六部门发布了我国第一批循环经济试点城市。2008年我国发布了第二批循环经济名单。2013年国务院下发《循环经济发展战略及近期行动计划》。2017年国家发改委等14个部委联合印发了《循环发展引领行动》文件，对"十三五"期间我国循环经济工作做出统一部署。这些表明：我国已进入了循环经济快速发展新时代。

循环经济是一种生态型、环保型经济，是实现经济社会生态协调发展的最佳模式，也是实现新时代我国油气城市转型发展、绿色发展及可持续发展的必由之路，更是全面建成小康社会的必然选择。中外实践已证明：发展循环经济是实现经济发展、资源开发、环境保护"多赢"、解决油气资源型城市资源开发利用、环境污染治理和生态系统恢复的最优选择。因此，依托循环经济促进油气资源型城市科学发展是我国油气资源型城市领导者、建设者、油气企业经营管理者及社会公众所面临的战略使命与必然抉择。

基于此，我们认为开展油气资源型城市循环经济发展研究，具有重大的理论意义与实践价值，其主要表现在：有利于正确地处理人口、资源、环境、经济与社会发展的关系，落实生态文明战略和绿色发展新理念，建设环境友好型、资源节约型社会，不断改善生态环境，加强生态文明建设，实现油气资源型城市可持续发展；有利于转变经济增长方式，完善城市产业结构，实现资源优化配置，提高油气资源型城市综合竞争力；有利于为油气资源型城市开展循环经济工作的各级政府部门、决策层、经营管理者以及研究人员提供重要参考和必要借鉴。当然，开展本研究，还有利于丰富现有资源型城市发展理论，拓展其应用研究新领域，实现油气资源型城市发展理论研究规范化、系统化、科学化，其研究成果有望被油气城市及其他城市政府部门采纳、实施、应用和推广。

第二节 国内外研究现状述评

存在决定意识。借助 CNKI、EBSCO 等中外专业数据库检索工具，梳理文献后发现：国内外相关研究现状，本书主要涉及资源型城市发展、可持续发展及循环经济理论等。

一、资源型城市研究现状

（一）国外

国外有关资源型城市发展研究，总体经历了三个阶段：第一阶段（20 世纪 30 年代至 70 年代）主要研究单一城市发展中存在的社会问题和人的生活质量，以加拿大经济学家伊内斯为代表；第二阶段（20 世纪 70 年代到 80 年代中期），主要侧重资源型城市群体的规范研究，强调社区互动，以加拿大地理学家布莱德伯里为代表；第三阶段（20世纪80年代后），主要研究资源型城市劳动市场结构、经济结构，以及世界经济一体化对资源型城市影响，代表者有鲁卡斯（R. A. Lucas）、海特（R. Hayter）等。美、欧、澳洲20世纪80年代开始对资源型城市产业结构进行调整，德国鲁尔区已成为世界资源型城市持续发展典范。

（二）国内

国内学者对资源型城市研究可分为三个阶段：第一阶段（20世纪90年代以前），我国学者主要侧重于资源型城市工业综合发展与布局规划的研究。如方觉曙、马清裕、李文彦、梁仁彩等对煤炭城市工业发展和不同类型的资源型城市工业综合发展进行过研究。第二阶段（20世纪90年代以后），产业结构多元化调整和经济转型成为学者们研究的重点。马传栋、张以诚、樊杰等对资源型城市的分类进行了研究，并且提出了区别发展的思想。周海林、沈镭、贺艳、梁亚红、赵景海、杨铁良等对煤炭城市经济持续发展的途径与对策进行过探讨，蒋建权、刘洪、张风武、胡玉才、许光洪、路建涛、刘云刚、段汉明、鲍寿柏、减淑英等结合具体的资源型城市探讨了资源型城市产业结构调整的原则和方式，指出产业结构调整是资源型城市实现可持续发展的关键。第三阶段（21世纪以来），我国学者特别关注资源型城市可持续发展的路径或途径研究，并从城市、产业和企业等方面进行了积极的探索。朱训、王青云、张以诚、刘粤湘、赵秀峰、卢业授、魏巍、周德群等在资源型城市的城市发展方面开展了积极的研究；张军、戴大双、张丽莉、黄晓莉、赵秀峰、张米尔、徐建中等对资源型城市的企业和产业发展进行了专门探讨。

二、可持续发展研究现状

（一）国外

国外有关可持续发展理论的研究，大体可以分为经济学、生态学、社会学三个基本方向（中国科学院可持续发展研究组）。以联合国开发计划署提交的《人类发展报告》及其指标"人文发展指数"为代表，提出把"经济效率与社会公正取得合理的平衡"作为可持续发展的社会学基础；以挪威原首相布伦特兰夫人和巴信尔等为代表提出以环境保护、生态平衡、资源的永续利用作为可持续发展的生态学基本原则；以世界银行的《世界发展报告》和莱·布朗发表的《经济可持续发展》为代表，力图把科技进步贡献率抵消或克服投资的边际效益递减律作为衡量可持续发展的重要经济指标和基本手段。

国外可持续发展评价研究成果目前主要分成四类：一是综合评价类。例如，联合国组织开发的环境经济综合核算体系（SEEA）。二是单指标类。例如，世界银行开发应用的新"国家财富指标"，联合国开发计划署编制的人文开发指数（HDI）。三是菜单少指标型。例如，荷兰的国际城市环境研究所、联合国环境问题科学委员会等提出的可持续发展指标体系。四是菜单多指标型。如联合国可持续发展委员会（UNCSD）给出的"可持续发展指标体系"，合计指标 134 个，再如英国政府提出的可持续发展指标体系，共有指标 118 个，以及美国提供的可持续发展指标体系等。

（二）国内

我国政府于 1992 年签署了以可持续发展为核心的《21 世纪议程》等文件（刘培哲，1994），随后，我国编制了《中国 21 世纪议程——中国 21 世纪人口、资源、环境与发展白皮书》，把可持续发展战略列入我国经济和社会发展的长远规划。以生态学家马世骏为代表的学者提出了"社会—经济—自然复合生态系统"理论。王松、田永中、李明光、冯之浚等指出，生态经济学可以为可持续发展提供理论基础，并对生态和环境评价方法进行了探讨。以刘培哲为代表的学者指出可持续发展是指自然、社会、经济复合系统的可持续发展，并对可持续发展社会的生活理念与模式进行了探索。以牛文元为代表的学者，提出了可持续发展研究的系统学方向。强调人与自然、人与人关系综合协同，充分地体现了公平性（代际公平、人际公平和区际公平）、持续性（人口、资源、环境发展的动态平衡）和共同性（体现全球尺度的整体性、统一性和共享性）三大基本原则。刘培哲、龚建华、杨开忠、李寅铣、侯伟丽等探讨了环境公平、环境效率及其与可持续发展的关系。近年来，杨多贵、刘玉、尹亮等提出了影响区域可持续发展的经济、人口、科技、环境与资源要素；刘力、郭腾云、张学文、陆大道、马丽、程晓民等对区域可持续发展政策、发展规划、发展要素与途径进行了相关研究；刘国炳、方创琳、陆大道等分别从生态空间和发展规划的角度对区域可持续发展进行了研究；陆大道还指出，国际化、信息化、科学技术、生态和环境将成为区域发展的新因素；刘力、马丽等对全球化背景下的区域可持续发展问题进行了分析；王奇、安烨、倪前龙、黄平沙等对国外城市自然、社会、经济推进可持续发展进行了分析；余晓、刘建芳、朱庆华、郑敏、贾绍凤、王葆青、杨伟国等对西方发达国家诸如日本、美国、德国等区域经济政策进行分析，认为通过法律和政策可协调区域发展，指出德国通过企业和科学界的技术创新，推动了环保产业的迅速发展，并实现了可持续发展的良性循环。

　　我国可持续发展评价研究成果主要侧重于区域层面、社会层面、微观层面三个方面。区域层面，例如，城镇、具体行业等领域，按照可持续发展理论的原理，通过区域范围内物质、能量和信息的三方集成，在区域内部形成共生关系，建立经济可持续发展的片区。例如，许登超、李乃炜、刘洪彪、凌亢、白凤峥、陈端吕、吴小寅、毕星、李庆东、阎耀军等对可持续发展能力给出了评价原则、评价层次、分析方法，最后进行了综合评价；郝时尧、罗佐县、李娟、段澈、陈郁等主要从区域层面阐述了可持续发展理论评价体系构建的层次、方法等内容；而张国兴则对特定矿业城市进行了可持续性评价研究；周静海、潘智慧、崔晓旭、冯娟对小城市可持续发展能力制定了相应的评价方法、原则、手段等，柳林对城市轨道交通的可持续发展能力从"咨询规划的合理性、整体设计的科学性、运营管理的连贯性、消费者效用、环境影响后评价、经济分析、公众参与程度"等八个方面进行了单方面评价；张生瑞根据公路交通可持续发展评价的内容和特点，从公路交通可持续发展水平、发展能力、发展协调性三个方面建立了评价指标体系，提出了指标属性值和无量纲化的计算方法；周娅莎针对农业行业在综合众多学者在评价体系建立和评价方法的基础上，重组了一套新的评价体系；同时杨少华、万幼清、王长琼等分别针对旅游业、物流业、房地产业各行业自身特点对其可持续发展能力进行了评价；钟文丽以矿区可持续发展为评价对象，采用了熵权法和层次分析法结合的主客观赋权法确定了铜矿区可持续发展评价体系各指标的权重系数。社会层面，重点在国家或省域等大范围内对经济发展的可持续现状进行评价，最终建成循环经济型社会。例如，以周海林、石高宏、韩立达、陈年红等为代表的专家学者主要从整个社会或国家层面来阐述可持续发展评价体系的构建原则、方法等内容；赵多对浙江省生态环境可持续发展能力进行了评价，张宗书、郝时尧、高志刚、陈文成分别对四川、山西、新疆和福建等省域层面对整个省可持续发展能力进行了综合评价。微观层面，例如，针对典型的企事业单位等，根据可持续发展理念，通过结合现有各种可持续发展模型与理论为企事业单位实现可持续发展提供思想指引与政策引导，并帮助管理层为企事业单位的长远发展提供科学有效的建议或方案。例如，赵莹雪在阐述山区县域农业复合系统特征的基础上，通过专家咨询，建立了山区县域农业可持续发展评价指标体系；何镜堂通过分析大学城的显性模式与隐性模式等因素，建立了大学城的可持续发展评价体系；郭普安从可持续发展角度，通过对影响图书馆事业发展的内外部因素的分析，从而提出了图书馆的可持续发展评价体系；刘洁在分析了县域可持续发展理念及构建原则基础上，根据县域目标及特点，构建了县域的可持续发展评价体系等。

三、循环经济发展研究现状

（一）国外

德国及欧盟是提出循环经济最早的国家和地区。早在 1986 年德国政府制定《废物管理法》时，就强调了节省资源与可循环利用的重要性。20 世纪 90 年代以来，欧盟各国先后按照资源闭路循环，避免废物产生的思想重新制定了各国废物管理法规。如德国规定包装材料回收率必须达到 80%，法国规定包装废弃物应有 85% 得到循环使用，奥地利规定 80% 的包装材料再利用；日本是循环经济立法最全面的国家，《推进形成循环型社会基本法》明确了日本在 21 世纪经济和社会发展的方向，提出了建立循环型经济社会的根本原则，即"根据有关方面公开发挥作用的原则，促进物质的循环，减轻环境负荷，从而谋求实现经济的健全发展，构筑可持续发展的社会"，其目标是 2010 年前将本国建成生态型循环经济和循环社会型国家。美国是发展循环经济范围最广的国家之一，自 20 世纪 80 年代中期以来，一些州先后制定了促进资源再生循环法规，现在已有半数以上的州制定了不同形式的资源再生循环法规。

（二）国内

循环经济作为一种新型的保护生态环境、发展经济的模式，在我国尚处于起步阶段。改革开放 40 年，我国基本走的是高投入、高消耗、高污染、低效益的粗放型发展道路。对于自然资源相对短缺的发展中国家来说，如果继续沿用传统的经济发展模式和污染末端治理模式，资源和环境承载力将不可能支持未来经济的高速发展。我国从 20 世纪 80 年代开始重视对工矿企业废物的综合利用，从终端治理思想出发，通过回收利用达到节约资源、治理污染的目的，进入 20 世纪 90 年代开始提出生产过程治理的思想。近年来，循环经济在我国开始引起人们的关注，诸大建、吴绍中、曹凤中等、李汝雄、王建基、李兆前、谢克昌、马凯等学者研究了发展循环经济的意义，提出循环经济是走新型工业化道路，实现可持续发展战略的必然选择。2017 年国家印发了《循环发展引领行动》文件。

四、循环经济评价体系研究述评

（一）国外

目前，国外循环经济理论日益成熟，国外循环经济实践也愈加丰富。国外循环经济评价体系研究更多地体现在可持续发展层面上，许多国家或组织也提出了各自的评价指标体系。这些指标体系除了国别之差别之外，也有评价范围和评价层次之区别，同时有些具体指标相差较大。以评价体系应用层次为例，一些代表性研究成果，如表 1 - 1 所示。

表 1 - 1　国外相关研究成果

成果分类	代表性成果
国际层次	联合国可持续发展委员会（UNCSD）的"驱动力—状态—影响"（DSR）指标体系、联合国统计局（UNSTAT）的可持续发展指标体系框架（FISD）、国际科学联合会环境问题科学委员会（ACOPE）的可持续发展指标体系，以及联合国开发计划署（UNDP，1990）的人文发展指标（HDI）、世界银行国家财富的衡量、对传统国民经济核算体系（SNA）的修正指标体系
国家层次	加拿大的国家指标体系、加拿大的联系人类/生态系统的 NRTEE、荷兰的政策执行指标、美国总统委员会可持续发展指标
省一级	加拿大的阿尔伯达可持续发展体系等
地方一级	美国西雅图市的可持续发展等

此外，国际上还有一些直观、简单的评价指标及模型。如经合组织 1994 年运用 PSR（Pressure – Sate – Response）模式确立的环境系统指标架构、以"3R

原则"为基础构建的评价模型、基于归纳法和物质流分析法的基本架构、Pre-scott的"可持续性的晴雨表"模型、Rees等提出的"生态足迹"概念和模型、Cobb等提出的"真实发展指标"等。

（二）国内

国内循环经济研究起步虽晚，但发展迅速。从评价方法看，不少专家学者更倾向于比较成熟的数学评价模型。例如，章波、黄贤金、潘鹏杰、王颖等在依据循环经济体系构成及城市循环经济内涵而构建其评价体系的基础上，运用灰色评价理论对循环经济发展效果进行了评价；吴颖倩、孙文生等采用因子分析法对循环经济发展效果进行了评价；史宝娟、杨华峰、章波、黄贤金、赵国杰等通过层次分析法对循环经济发展效果进行了评价等。另外，有些学者通过一些新思路、新方法来对循环经济的发展效果实施评价。例如，杨茂盛、姜海莹等运用物元可拓与菱形思维模式相结合的方法，以陕北地区坡耕地利用为例，建立循环经济的评价指标体系。另外，从评价范围来看，以综合评价的居多，例如，徐建中、孙延风、安乐、吕洁华、沈鸿、夏青、王颖等针对特定区域或城市的循环经济发展水平进行综合性评价，大体都包括生态相关指数、安全相关指数、经济相关指数和社会相关指数等；杨立宏、崔树军、刘笑萍、李晓鸿、陶海映等分别对房地产、信息、制造业、铝行业、钢铁业等单独的某一产业的循环性进行综合评价，包括经济运行层面、资源减量层面、循环利用层面、环境保护层面、健康安全层面等；田凤权、曾绍伦、刘传庚、陈勇等聚焦于特定企业循环经济实施效果，采用系统思维，分别从管理、环境、经济等多个层面及其维度进行综合性评价等。

五、现有研究存在的空白或不足

（1）资源型城市可持续发展理论与实践存在距离。多年来，学术界对资源型城市发展进行了积极的探索，认为应该走可持续发展之路，但由于可持续发展研究停留在哲学理念下，主要表现为对现状的描述和对未来的担忧，理念与行为（经济行为和社会行为）之间存在断层，社会学、生态学、经济学研究分离，理论研究与可进行的实际操作之间存在距离。另外，政府和学术界虽然对于资源型城市发展问题进行了积极探索，但由于受到线性经济发展模式制约，始终没有找到有效的发展途径，并且所提出的发展对策大都模式化，缺乏针对性、可行性及说服力。

（2）国内可持续发展理论研究成果颇多，但总体而言，由于中国城市的多元性和经济的复杂性，我国可持续发展理论依旧在经济发展很多方面没有涉及，可持续发展理论研究略显庞杂，不系统。这导致不少理论观点东挪西引、交织错节，理论和实践各成一体，应用可操作性不强。因此，该研究仍有待进一步深入。

（3）虽然循环经济研究成果较多，但目前国内主要处于认识层面，研究思路狭窄，研究方法单一，循环经济理论体系尚未健全，应用可操作性不强，实践中循环经济研究发展机制不完善等，循环经济研究亟待深入。另外，部分学者循环经济评价理论没有充分考虑到评价体系的可行性和合理性，评价指标过于笼统，不够细致，不同对象指标层次与指标区分度不高；各个评价指标的权重也存在很大的不确定性和不合理性，主观性较强。就评价类型而言，循环经济评价理论多集中于整体综合评价，缺乏针对目标对象某一阶段或某一方面的单独纵深评价，评价结果只能提供一个整体结论，不能针对某个具体层面说清究竟哪里做得不好，哪个环节出了问题，问题的上下游影响关系以及如何解决问题等，最终导致评价结果可实施性较差、现实指导意义不强。

（4）目前，对于油气资源型城市发展的研究非常少，现有的研究文献没有准确界定"油气资源型城市"内涵，没有分析其影响因素；虽然提出其发展模式，但没有建立评价体系及评价方法；缺乏实证分析与统计研究等。至于油气资源型城市发展理论体系目前尚未建立。

（5）目前，将循环经济理论与油气资源城市发展实践相结合进行研究的文献少，如柴玲、刘静茹、王艳秋等，内容涉及发展模式、产业转型、大庆实践等，但其研究不够系统全面，要么过于概括，要么只针对某一两个重点产业发展，要么没有真正针对城市经济发展的层次性和复杂性给出相应的可行性建议，最终研究结论也往往缺乏科学性、可操作性。至于从定性和定量的角度专门、系统研究油气资源型城市循环经济系统构建与发展的论文和著作，目前尚未看到。

第三节 本书研究思路、内容及方法

一、研究思路

以习近平新时代中国特色社会主义思想和党的十九大精神为指导，以落实"生态文明建设战略"与"循环发展引领行动"、促进"经济绿色转型发展"、提升城市发展质量效益、构建可持续发展生态城市、实现"美丽中国与民族复兴中国梦"为目标，依托相关理论、基于内外视角，本书立足于新时代我国油气资源型城市现实，紧密结合我国油气资源型城市具体特性与发展现状，学习借鉴国内外先进理论实践，以我国油气资源型循环经济发展为研究焦点，从问题提出、现状诊断、影响因素、动力机制、系统构建、评价体系、发展对策、应用实施八方面，由定性研究到定量研究，由理论研究到实证分析，其间穿插对比研究，着重对我国油气资源型城市循环经济系统构建与发展进行了深入细致研究，为培育和提高我国油气资源型城市核心竞争力，最终实现我国油气资源型城市创新发展、绿色发展、转型发展、低碳发展、循环发展以及可持续发展提供重要参考。本书具体的研究思路，如图 1 - 1 所示。

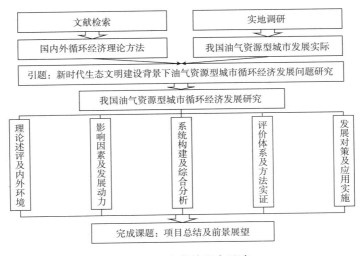

图 1 - 1 本书的研究思路

二、研究内容

本书聚焦新时代生态文明建设背景下油气资源型城市循环经济发展问题，结合我国油气资源型城市的发展实际，学习借鉴国内外先进经验，提出适合于我国油气资源型城市的概念、内涵、特征等，诊断我国油气资源型城市发展现状问题，识别制约我国油气资源型城市循环经济发展的影响因素，寻求我国油气资源型城市循环经济发展的动力机制，建立适合我国油气资源型城市循环经济发展系统框架，构建油气资源型城市循环经济发展评价体系和综合评价方法，探索市场经济体制下我国油气资源型城市循环经济发展思路、重点、战略、策略、方法及一般模式，最终提炼并形成适合我国油气资源型城市循环经济发展理论，为加强其生态文明建设，实现我国油气资源型城市创新发展、绿色发展及可持续发展目标、提高我国油气资源型城市竞争力与影响力奠定坚实的基础。

本书研究的主要内容包括：

（1）生态文明循环经济等相关理论概述；

（2）油气资源型城市发展现状诊断分析；

（3）油气资源型城市循环经济发展影响因素；

（4）油气资源型城市循环经济发展动力机制；

（5）油气资源型城市循环经济系统框架构建；

（6）油气资源型城市循环经济发展评价体系；

（7）油气资源型城市循环经济发展对策措施；

（8）油气资源型城市循环经济应用实施建议。

三、研究方法

（1）文献研究。通过现有的文献阅读和相关理论分析，追溯资源型城市的形成和发展过程、内涵和主要特征，逐步提出我国油气资源型城市发展问题，归纳提炼我国油气资源型城市循环经济理论，探讨循环经济对于我国油气资源型城市发展的导向作用。

（2）实地调研与应用研究。基于理论研究和实地调研，通过专家咨询和群众访谈等方式，以油城大庆市、克拉玛依市、濮阳市、南充市等作为实例，提出了油气资源型城市发展循环经济的理论、思路与方法，制订油气资源型城市循环经济应用方案与措施建议。

（3）多学科综合研究。借鉴经济学、系统学、环境学、管理学、城市生态、循环经济理论和可持续发展等理论，采取定性研究与定量研究相结合、理论研究与实践研究相结合的方法，提出油气城市循环经济系统构建与发展等理论、方法及策略等。比如采用德尔菲法、层次分析法、灰色关联度法分析了濮阳市油气资源型城市循环经济发展态势，并针对不同板块系统和最终的目标层给出了相应的分析曲线及对策建议等。

第二章 油气资源型城市循环经济发展外部背景

油气资源型城市发展循环经济是新时代下中国新常态与生态文明建设的必然抉择。开展新时代、新常态、生态文明以及循环经济等问题相关研究和外部背景分析，这对于系统深入研究本课题，进而提出科学性与可行性兼顾的对策建议，是完全必要且有益的。

第一节 新时代与新常态

一、新时代

习近平在党的十九大报告向全世界庄严宣布：中国经过长期发展，已进入了新时代，这是中国发展新的历史方位，也是中国特色社会主义事业发展的最新阶段与必然结果。这个新时代，是我国高速发展走向高质量发展的时代，是决胜全面建成小康社会、加快建成社会主义现代化强国的时代，是继往开来、承前启后、在新的历史条件下继续夺取中国特色社会主义伟大胜利的时代。随着新时代的到来，油气资源型城市主要矛盾已转化为人民日益增长的美好生活需要和不平衡不充分的发展之间的矛盾，人民不仅对物质生活提出了更高要求，而且对民主、法治、公平、正义、安全、环境等的要求日益增长。发展循环经济、建设生态文明，无疑是油气资源型城市顺应新时代人民期盼的必然要求。

二、新常态

近年来，以习近平同志为核心的党中央科学分析国内外经济发展形势、准确把握中国基本国情，针对中国经济发展的阶段性特征，做出重大战略判断——中国经济发展进入新常态，这是我国做好经济工作的大前提和出发点。由于新常态指向的是质量效益提高、生态效应改善、可持续性增强、中高速增长的良性组合，指向的是社会主义市场经济的各个方面制度更加成熟和定型，所以，新常态一方面提供了油气资源型城市创新发展与转型发展的重要外部机遇；另一方面也倒逼油气资源型城市绿色发展与转型发展，而循环经济就成为关键路径。无疑，这有利于油气资源型城市协调推进四个全面战略布局，统筹推进五位一体总体布局，实现两个一百年奋斗目标和中华民族伟大复兴的中国梦。

第二节　生态文明与循环经济

一、生态文明理论探索

（一）生态学中的生态概念与理论

生态学概念，最早是由德国生物学家 E. 海克尔（Ernst Haeckel）于 1869 年提出，被认为是研究动植物之间、动植物及其环境间及其对生态系统影响的一门科学。1935 年英国学者坦丝雷（Tansley）正式提出了生态系统概念。后来，美国学者林德曼（Lindeman）详细考察了门多塔（Mondota）湖生态系统，提出了生态金字塔能量转换之"十分之一定律"。从此，生态学逐渐独立成为一门具有特定的研究对象、任务和方法的比较完整的学科。近年来，生态学已建立了其独立研究的理论主体（从环境与生物个体直接影响的小环境到不同生态系统层级的有机体与环境关联的理论）。其研究方法历经描述—实验—物质量化三大过程。信息论、控制论、系统论等概念及方法的导入，无疑推动了生态学理论发展。目前"生态"一词，一般是指生物的生活状态，即在一定的自然环境下，生物生存与发展的状态和态势，包括生物的生理特质与生活习性。生态（Ecology）一词源于古希腊语，意思是指家（House）或者我们的环境，即生态环境（指由非生物自然因素与生物群落组成的各生态系统所构成的有机整体）。生态环境一旦破坏，不仅终究会恶化人类生活环境，也在不同程度上制约着我国国民经济进一步发展。生态平衡是动态的相对平衡。一旦受到自然和人为因素的干扰，超过了生态系统自我调节能力而不能恢复到原来比较稳定的状态时，生态系统的结构和功能就会遭到破坏，物质和能量输出输入不能平衡，造成系统成分缺损（如生物多样性减少等），结构变化（如动物种群的突增或突减、食物链的改变等），能量流动受阻，物质循环中断，一般称为生态失调，严重的就是生态灾难。美国科学家小米勒指出了维护生态平衡的基本规律，总结了生态学之三大定律。第一定律：是 G. 哈定（G. Hardin）提出的，可称为多效应原理，是说人们的任何行动都非孤立的，任何侵犯自然界的行为，将产生无数的效应，而这其中又有很多是无法预料的。第二定律：也称普遍联系原理，即事物之间既相互联系又相互交融。第三定律：又称勿干扰原理，即任何物质（人类所生产的）都不应干扰地球上生物化学与自然的正常循环。有关生态学的一般原理，大体可从群落、种群、生态系统及人和环境的关系四个方面予以阐述。

首先，种群可以自然调节。若生态环境无显著变化，那么，种群数量趋于稳定。一个种群所栖环境的空间和资源的有限性，决定了其只能承载一定数量的生物。当其承载量趋近饱和时，种群数量或者密度若再增加，那么增长率就会下降甚至出现负值，从而使种群数量减少；可是如果种群密度或数量下降到一定程度时，那么增长率将重新上升，并使种群数量趋于环境所能承载的稳定层面。研究种群自然调节规律，有助于指导人类生产实践。例如，林业采伐量与渔业捕捞量的合理确定，有助于人类在不损害生物资源再生能力的前提下获得最佳产量。

其次，物种间互相制约与互相依赖。即每一个生物群落中的任何一个物种，均与其他类型物种之间存在着彼此制约与彼此依赖的关系。物种间的这种彼此依赖和互相制约关系，通常表现在以下三个方面：一是食物链。众所周知，居于食物链相邻环节的两个物种的数量及其比例趋于相对稳定的势态。例如，被捕食者的生存状态依赖于捕食者，其数量也受捕食者制约；捕食者的数量及生存，也同样受到被捕食者制约。因此，这两者间的数量趋于相对稳定状态。二是竞争。对自然界同一资源的使用或利用导致物种之间产生竞争。例如，动物和动物之间争栖居地、争食物等；不同植物之间彼此争夺空间、争夺土壤养分、争阳光、争水源等。长期的进化与竞争，加速了物种生态特质的分化，其结果使竞争关系得以缓和，且使生物群落形成了一定的结构。例如，森林里的植物，既有矮小耐阴的灌木，又有高大喜阳的乔木，彼此各得其所；森林里中的动物，或有食性差别，或有昼出夜出之分，彼此互不相扰。三是互利共生。例如，菌藻相依为生、蚁和蚜虫之共生关系，还有大型草食动物，依靠胃肠道中寄生的微生物协助消化等，这些都体现了物种间的互相依赖之关联。上述多维关系使生物群落形成复杂而稳定的结构即生态平衡。然而，一旦打破生态平衡，通常会导致某种生物资源永久性消失。

再次，物质之循环再生。生态系统之代谢功能，就是维持生命所需的物质持续地循环再生。来自阳光的能量驱使生态系统中的物质不断地循环流动，这包含生物间的营养传递、生态环境中的物质循环、生物和环境的物质交换，也包含生命物质的分解和合成等物质形式的转换。正常运行物质循环离不开相应的生态系统结构。伴随不断的生物扩散与进化，生态环境中大量无机物被整合为生命物质，并产生了广袤的草原、森林以及寄生其中的飞禽走兽。通常认为：发展中的生物群落，其物质代谢是出少进多，而当群落成熟后，其物质代谢则趋向平衡，出进大体相同。因此，人类在大自然的改造中，务必把握物质代谢之规律。为此，建议人类因势利导生产活动，合理开发生物资源，不能只顾一时甚至竭泽而渔。如今全球一些大面积农田，因肥力减退未能得以快速补偿而面临减产问题。另外，尚需控制环境污染。因大量有毒工业废物排放环境中，且超越了生物圈与生态系统的降解和自净能力，以致使毒物不断积累，最终损害了其他生物和人类的生活环境。

最后，环境和生物彼此发生交互作用。交互作用的产物或结果就是生物进化。在日常生活中，生物持续地由环境导入并向其导出物质，反过来，但被生物变更的物质环境又将影响生物，两者往往朝着互相适应的同向发展，即我们经常所说的正常的自然演替。人类活动领域的不断扩展对环境的多向影响也更加显著。人类在改造自然中，往往不自觉或自觉地做了一些违反自然规律的事，从而损害了自身利益。例如，长期滥伐、滥捕及滥采某些自然资源，既造成了资源枯竭与短缺，也无法满足人类自身生存与发展需要。尤其是，大面积的工业污染将直接危及和损害人类自身的健康等，这些都是环境和人交互作用的客观结果，也都是大自然受到人类破坏后，其所产生或释放出来的一种反作用或副作用。

（二）人文科学中的生态概念与理论

1. 生态哲学中的生态观

生态哲学不是一个单一的哲学派别，而是对人类社会与自然界交互作用进行的社会哲学研究的综合。最初，生态哲学以"新唯灵论"为理论根据，它宣扬人和宇宙的精神统一性，确认自然界的和谐性和完整性。人的道德问题在生态哲学中占有重要地位。"生命哲学"也对生态哲学有很大的影响。生态哲学的拥护者反对不加节制的工业发展、技术统治的理性主义、大都市主义，还形成一个政治团体"绿党"。生态哲学已从一种狭隘的唯心主义哲学演变成了一种新的哲学范式。作为生态学世界观，生态哲学以人与自然的关系为哲学基本问题，追求人与自然和谐发展的人类目标，因而这为可持续发展提供理论支持，是可持续发展的一种哲学基础。

2. 生态伦理学中的生态伦理观

生态伦理学是研究人和自然间的道德关系的一门人文学科。人和自然的道德关系以及受人和自然的关系所影响的人与人之间的道德关系，这两个关系是生态伦理学的研究对象。简单地说，它就是一门以"生态道德"或"生态伦理"为研究对象的应用伦理学。生态伦理不仅要求将人类道德关怀从社会层面扩展到对非人的自然存在物即自然环境层面，也期盼把自然与人类的关系界定为一种道德或伦理关系。依据生态伦理的要求，人类应放弃算计、盘剥和掠夺自然的传统价值观，转而追求与自然同生共荣、协同进步的可持续发展价值观。生态伦理学革新了纯粹关切人类道德文化传统怎样协调人际利益关系，从而使自然和人的关系真正被赋予了道德价值和道德意义，这是其对伦理学理论建设的主要贡献。生态伦理学发展中的重要转折点，是研究向浅层生态伦理和深层生态伦理发展，而以非人类为中心的深层生态伦理研究更受人关注。这方面代表是由挪威著名哲学家阿恩·纳斯（Arne Naess）创立的"深层生态学"。"深层生态学"创新了现代环境伦理学，是当今西方环境主义思潮中，更具有挑战性与革命性双重属性的生态哲学。相对于浅层生态学，深层生态学就是要突破其认识局限，对人类所遇到的环境问题提出深层的系统思考和寻觅深层的解决方案。目前，深层生态学已成为当今西方环境运动中发挥引领作用的环境价值理念，也是西方环境伦理学思潮中最令人关注的一种新思想。应当指出：阿恩·纳斯为深层生态学理论率先确立了"两大准则或者规范"，包括"自我实现"（Self‐realization）与"生物中心主义的平等"（Biocentric Equality）。上述两大准则构成了深层生态学环境伦理思想的理论基础，具体而言：关于前者——自我实现，专家们认为，这里的自我实现准则亟须人类已有精神深入且持续的成长与成熟，也需要一种跨越人类的含非人类世界的确证。因此，人们务必采用能够超越狭隘的当今文化假设、当代价值观念、时空环境的这样一种创新模式来重新审视自我。只有如此，人们才可能达到完全成熟的人格（Personhood）与独特性（Uniqueness）。就某种意义上而言，深层生态学"自我实现"这一准则强调：个体和整体密不可分、自我和大自然也密不可分，人的自我利益与生态系统的利益完全相同。关于后者——生物中心主义的平等，则强调：作为整体的不可分割的一部分，生物圈中所有的存在物与有机体，其内在价值彼此平等。生态系统中的任何一种生命体既有发挥正常功能的权利，也有生存和繁荣的平等权利。Arne Naess 将生物中心主义平等视为"生物圈民主的精髓。"当然，生物圈中的所有的存在物（包括非人类和人类、无机体和有机体）都有其固有的、内在的、自身的价值，这是生物中心主义平等理论的一个前提假设。深层生态学家认为，这是用一种超越狭隘的当代价值观念、当今文化假设、时空环境的创新性智慧来审视而获得的直觉，这不必依赖逻辑予以佐证。生态物种的多样性和丰富性，这是生态系统健康发展与稳定发展的根基。所以，一切存在物对于生态系统而言，都是有价值且重要的。就生态系统整体的稳定与发展而言，一切生命有机体都有其内在目的性，它们在生态系统中是彼此平等的。

3. 生态美学及其生态观

生态美学，简而言之，就是美学与生态学彼此交互而形成的一门新型的交叉学科。作为一门新型交叉学科，生态美学正在趋于两个不同侧面发展：一是用哲学美学视角来思考人类的生存状态；二是用经验美学来探讨人类的生态环境。系统研究自然和人、环境和人之间的生态审美关系，这是生态美学的研究对象。无疑，生态美学是美学和生态学的彼此契合，其实质是基于生态学视角研究美学问题，把生态学的重要观点纳入美学之中，并逐步在实践中形成了一个崭新的美学理论形态。生态美学将各种生态学原则吸收进美学，成为美学理论中著名的"绿色原则"。在生态美学观产生以后，生态批评方法得到长足发展。它倡导系统整体观点，反对"人类中心主义"；倡导社会责任，反对环境污染；倡导现实主义，反对对自然的扭曲与施虐，促进了生态文学的发展。所谓生态文学即绿色文学，以人与自然的关系为题材、歌颂人与自然的协调和谐、共生共存。

（三）马克思主义与"西方马克思主义"的生态文明理论

新中国成立近70年，中国一直面临的问题是建设一个怎样的社会主义国家。伴随着改革开放进程的不断深化，中国在经济、政治、文化、社会、生态即五位一体等方面取得了历史性成就，中国人民生活和整个社会面貌发生了深刻变革。虽然中国经济总量已处于世界第二位，但人均国内生产总值仍排在全球100位之后。中国仍处于社会主义初级阶段，仍是世界上最大发展中国家，人口占世界1/5，城乡、区域、经济社会发展不平衡，面临的困难还很多，实现现代化还有很长的路要走。正是从我国面临的人口剧增、资源短缺、环境恶化的严峻形势出发，党的十八大首次提出了建设生态文明的重大战略任务，强调要坚持节约资源和保护环境的基本国策，坚持走可持续发展道路。党的十九大更是强调：必须践行绿水青山就是金山银山的牢固理念，坚持保护环境与节约资源的基本国策，像对待生命一样对待生态环境，统筹山水林田湖草系统治理，实行最严格的生态环境保护制度，形成绿色生活方式和发展方式，坚定走生活富裕、生态良好、生产发展的文明发展道路，建设美丽中国，为人民创造良好的生产生活环境，为全球生态安全做出贡献。应该说，这一系列的国策方针以及生产实践，不断回答了中国建设怎样的社会主义国家以及怎样建成富强民主文明和谐美丽的中国这一历史性课题。

（1）马克思主义创始人关于生态文明的基本观点。马克思主义诞生于社会矛盾频发的西方工业文明时代。工业文明一方面创造了极大丰富的物质财富，同时也是一个依赖于经济持续增长而生存的社会文明形态，财富的增长一旦停滞，工业社会就必然面临挑战。能源、矿产、人力（奴隶）等基础资源利用的全球性，使得各发达资本主义国家的利益不断冲突。利益的冲突带来意识形态的冲突，意识形态的冲突则推动着社会的动荡和国家之间的战争，两次世界大战将工业文明的物资资源争夺恶劣本性推向巅峰。与此并存的另一个问题是，工业社会是在农业社会长久积累的物质和精神财富的基础之上演变而来的，更是对农业社会的超越，然而，工业社会中人与自然的关系由顺应而至掠夺导致了生态环境的恶化，工业经济对自然资源的无止境的消耗、浪费、破坏，许多资源出现了短缺，本来一些用之不尽、取之不竭的资源也形成短缺。

在此历史背景下，马克思主义批判地继承与吸收了人类优秀思想文化成果，特别是创造性地借鉴和发展了英法空想社会主义、英国古典政治经济学和德国古典哲学等18~19世纪西方社会科学和自然科学的最新研究成果。当然，法国史学家阶级斗争学说与法国启蒙学者思想，也对科学社会主义理论供给了有建设性的思想资料。此外，19世纪全球科学技术最新成果，尤其是进化论的新发展、能量守恒转化规律的发现及细胞学说的创立，这些都为马克思主义的科学产生提供了丰富的自然科学基础。通过亲身实践转向工人阶级立场，并从空想社会主义者对资本主义制度的生动揭露和对未来理想社会的天才预测中，汲取合理因素而摒弃其唯心史观和空想部分，创立了科学社会主义。无疑，马克思主义中的生态观也为解决当代生态危机提供了理论指导。

第一，关于人—社会—环境的辩证关系的观点。马克思和恩格斯在创建哲学体系的历程中，批判性吸收与继承了黑格尔辩证法理论和费尔巴哈唯物论思想，对人、自然与社会三者之间的关系进行了系统的梳理和整合。恩格斯曾指出：我们不应过分沉醉于人类对自然界的胜利之中，对于每一次如此的胜利，自然界都将报复我们。[①] 马克思、恩格斯认为在人（社会）与自然之间存在一种认识和被认识、反映和被反映、遵循和被遵循的关系，这种人（社会）和自然之间的内在联系及其规律就构成了生态文明的理论关系。

首先，马克思认为人具有自然性和社会性的双重属性。马克思在摒弃了黑格尔人的本质只是社会性观点以及费尔巴哈认为的人的本质仅是自然性观点的基础上，认识到人具有自然性和社会性相统一的特性。在《1844年经济学哲学手稿》中，马克思认为，在"自然史"上生成的各种生命系统，包括植物、动物和人，都是对象性的自然存在物，是一个自然的、具备并赋有对象性的即物质的本质力量的、有生命的存在物。他指出，人首先应该具有自然性，人"本身的存在

---

① 马克思，恩格斯. 马克思恩格斯选集（第4卷）［M］. 北京：人民出版社，1995：383.

（肉体存在），是一种并非由他创造的自然前提"，① 所以人本身是不以其他物质的意识为转移的一种客观物理存在，人是直接作为有生命本质的对象性存在物而存在的。一方面，作为有生命的自然存在物且充当自然存在物的人，具有生命力与自然力，他们是能动的自然存在物；其力量既可以作为才能与天赋，也可化成存在于人身上的欲望。② 人类是大自然不可分割的一部分，这不仅表现在人类有衣食住行的基本生理需求，而且表现在人类有喜怒哀乐等精神需要。马克思对于费尔巴哈"不需要的存在是多余的存在"这一理论是持肯定态度的，他认为人类解决自己的生存需要是人类满足一切需要的基本出发点。但另一方面，他也认为：作为肉体的、对象性的存在物、自然的、感性的人，他们宛如动植物一样——都是受限制、受动的、受制约的存在物即他的欲望的对象是作为非依赖于他的对象而存在于他本身之外的；当然，这些不仅是其需求对象，也是表现和确证其本质力量所不可或缺的重要对象。③ 所以人实现满足自身需要的过程依靠于外在世界。人只有将自己的直观感受进行外化，并作用于客观物质世界，才能最终实现满足自身需要这一目的。

其次，人通过劳动，改造客观物质世界，实现其社会属性。马克思指出，人不纯粹是自然存在物，也是人自身的自然存在物，本身是为自身而存在的，因而是类存在物。他必须既在自己的存在中也在自己的知识中确证并表现自身。马克思指出："假如我们明白工业中普遍存在的这个非常著名的'人和自然的统一'，明白这个统一在每个时代都将随着工业或慢或快地发展而不断改变。……那么这些问题（即自然和人的对立），也就不复存在。"④ 人对自然进行改造，使人与自然之间发生相互作用，在这一过程中也不断同其他人发生作用，最终使人与人之间形成联系，实现了其社会属性。马克思也认为，"人的自然的存在，有且只有在社会中，对他来说，才是自己的人的存在，且自然界对他来说才成为人"。⑤ 因此，不能孤立地看待人与社会，人与社会是相互依存、相互制约、相互作用，是对立统一的关系。

① 马克思，恩格斯. 马克思恩格斯全集（第46卷·上）[M].北京：人民出版社，1972：488.
②③ 马克思，恩格斯. 马克思恩格斯全集（第42卷）[M].北京：人民出版社，1979：95.
④ 马克思，恩格斯. 马克思恩格斯选集（第1卷）[M].北京：人民出版社，1995：76.
⑤ 马克思，恩格斯. 马克思恩格斯全集（第3卷）[M].北京：人民出版社，2002：301.

最后，人是自然的一部分，自然是人生存的前提。马克思强调"人原本是自然界的产物，并且是在一定的自然环境中与此环境一同发展的;① 就构成而言，人体不过是来自自然界中的各元素特殊聚集体与能量运载体。借助同化和异化路径，人类可与自然界中的其他主体客体之间进行能量与物质交换，并使人的生命活动运动能够始终与环境处于矛盾统一状态，从而促进人自身的生存与发展"。② 同时，马克思认为在人类活动下的自然不再只是单纯满足食物链的自然，"而是社会与工业发展的产物，也是历史的产物，更是世代活动积累的产物"。③ 人的自然是人的一般属性，人在具有自然性的同时也具有社会性，劳动是人的进步也是自然的进步，人只有通过劳动这一社会性的方式改变自然，才使人区别于一般动物而成为人。在人类的社会活动中，自然成为人活动的对象，人作用于自然而满足自己的需求使人与自然的关系变得密不可分。人作用的自然环境同时也使人的生存环境，人在能动的改造自然满足自身需求的同时，也在对自然进行着汲取，自然环境的恶化最终也会导致人自身生存环境的恶化，人索取越多，对于自然环境肩负的责任就越大。

综上所述，马克思的自然观是一种唯物主义实践观，认为人—自然—社会三者的关系既相互作用又相互统一，是对立统一的整体，绝不能孤立地、单独地看待其中任何一个，要把它们放在一个体系中进行分析。

第二，关于人与自然密不可分的观点。恩格斯指出："面对着社会与自然，人类关注的基本是当初的那些最显著的成果，但是，随后人类又吃惊地发现：人类为获取这些成果所付出的行动而产生了深远的影响，则完全是另一回事，通常情况甚至是完全截然相反的；供应与需求之间的和谐，则变为两者的两极对立。"④ 人在改造客观物质世界的同时，也改变着自己的生活生产方式，这也对自然环境的改变起到了作用，既积极地汲取自然提供的各种物质，也在一定程度上破坏了自己的生存环境。

"人是生产力主体，他们当初依赖于大自然提供的'现成生活资料'而维持

① 马克思，恩格斯.马克思恩格斯选集（第1卷）[M].北京：人民出版社，1995：74.
② 陶富源.坚持"人定胜天"唯物论基础[J].晋阳学刊，1981（2）：30-33.
③ 马克思，恩格斯.马克思恩格斯选集（第1卷）[M].北京：人民出版社，1995：76.
④ 马克思，恩格斯.马克思恩格斯选集（第4卷）[M].北京：人民出版社，1995：386.

其生存。"① 自然界的空气、阳光、水等物质条件是人生存的基础。从原始社会过渡到农耕社会以后，人类改变了原有的生产生活方式，从单纯地攫取变为积极地创造，人类学会使用火和各种劳动工具，除了狩猎、采摘之外，人类还驯养动物、种植植物等，产生了畜牧业和农业。这时人对自然的依赖度还很高，过着"日出而作，日入而息，凿井而饮"的田园生活，基本上是遵循着自然规律在劳作。在人类的部分地区，虽然也存在着因过度开垦、森林砍伐严重而导致的水土流失、土壤退化等问题，但总的来说，这时对自然的破坏能力还有限。

随着机器大工业时代的来临，人类摆脱原有生活方式，开始了一种全新的生产、生活方式，从此进入了工业社会。据统计，"人类95%以上的能源、80%以上的工业原料及70%以上的农业生产资料，都来自矿产资源。工业革命至今所累积的人类的巨大的社会物质财富，基本上也是基于对矿产资源的大量消耗。例如，19世纪到20世纪的这100年，与全球GDP增长7倍相对应的是：煤炭作为主要能源消费增长了57倍，石油消费增长了26倍，天然气消费增长了近1倍，粗钢消费增长了10倍，金属铜消费增长了1.15倍，金属铝消费增长了2.27倍。但20世纪到21世纪的这100年，全世界财富积累则显著提速，与全球GDP增长18倍相对应的是：煤炭作为主要能源消费增长了5倍，石油消费增长了178倍，天然气消费增长了362倍，粗钢消费增长了30倍，金属铜消费增长了28倍，金属铝消费增长了3600倍"。② 伴随着人类改造自然的能力不断增强，人类对自然环境的依赖程度不断加大，同时，对自然资源的攫取力度也在不断加强。自然环境中的很多因素上升为生产力的一部分，并且直接或者间接地被生产力发展水平所决定，同时自然环境的优劣也影响着生产力发展水平。

不同地区自然环境的差异也使人类的生产方式有所差异，人们总是选择更加合理并且利益相对更大的生产方式，马克思说："来自不同地域的人们在各自的自然环境中，获得了不一样的生活资料与生产资料。所以，人们的生活方式、生产方式与产品，也就彼此不同。"③ 在探讨东西方社会差异时，恩格斯也曾说过：

① 陶富源.陶富源哲学论文集（第2卷）：唯物史观在当代[M].合肥：合肥工业大学出版社，2006：22.

② 姜春云.中国生态演变与治理方略[M].北京：中国农业出版社，2004：75.

③ 马克思，恩格斯.马克思恩格斯全集（第23卷）[M].北京：人民出版社，1995：390.

"伴随野蛮时代的来到，人类进入到这样一个阶段——这时两大陆的自然条件所产生的差异，就有了其意义。……因自然差异比较多，故从此以后，两个半球居民只能遵循其各自独特的道路而发展，而区分不同阶段的界标，在两个半球也就不同了。"① 劳动资料的优劣富缺，在一定程度上影响着人类选择不同的生产方式，在社会发展水平越高，体现出来的影响力就会越大。

总之，自然环境与人类以人类社会的生存、发展息息相关，在人类发展的任何一个阶段都不同程度地参与到人类的生产生活中来。马克思主义创始人虽然没有明确提出生态文明的理论，但是无论他们在探讨哲学、经济学以及其他一些学科问题时，无不闪现其对生态问题的论述与关注，为我们今天在社会主义环境下探讨生态问题奠定了基础。

（2）"西方马克思主义"对马克思生态文明观的理解。西方马克思主义，一般认为产生于 20 世纪 20 年代的西方欧洲国家，这些国家的学者们以一种区别于"苏联模式"的方式研究马克思主义的流派。人们将众多的人物归为西方马克思主义学者，然而，事实上，西方马克思主义还从未建立起统一的纲领或指导思想。因为大多数学者在其开始研究马克思主义之前，他们就已拥有了一定的学术背景，所以，他们把马克思主义与其学术背景相结合，就涌现出许多不同流派，如"精神分析的马克思主义""结构主义的马克思主义"等。

诞生近 100 年的西方马克思主义，虽然历经了"二战"、20 世纪 60 年代激进运动与东欧剧变苏联社会主义阵营解体等重大历史事件的影响及冲击，但是至今，其在后现代文化研究及"新左派运动"等方面，仍具有重要的话语权。20世纪 80 年代起，中国开始研究西方马克思主义。因中国马克思主义的特殊背景，故中国马克思主义受到了较之其他西方现代哲学流派更多的重视，其反思与批判精神对我们研究中国目前的马克思主义生态观的相关问题也具有积极的现实意义。

第一，早期西方马克思主义的生态观。早期西方马克思主义的代表人物主要有卢卡奇、柯尔施、葛兰西等。西方马克思主义这一概念，是德国哲学家柯尔施最早提出的，但是，至今人们广泛接受法国哲学家梅洛—庞蒂的定义。1955 年

---

① 马克思，恩格斯. 马克思恩格斯选集（第4卷）［M］.北京：人民出版社，1995：20 - 21.

梅洛—庞蒂首次在其著作《辩证法的历险》中，将西方马克思主义的传统追溯到 1923 年匈牙利哲学家 G. 卢卡奇所发表的《历史和阶级意识》，所以卢卡奇也同样被认定是西方马克思主义的创始人之一（虽然卢卡奇对此未必认同）。

成立于 1924 年的社会研究中心，是德国法兰克福大学的一批社会学、哲学等方面的专家、学者组成的学术研究机构，又称为法兰克福学派。该中心在创立后不久，开始研究马克思主义的相关理论，其研究内容主要基于黑格尔及马克思、葛兰西、卢卡奇等专家理论，并且借助弗洛伊德的精神分析学说与马克斯·韦伯的现代化理论，对于 20 世纪的种族主义、资本主义与文化等进行深入研讨。相对于以往社会科学皆以量化的、科学的方式建立社会经济等的法则规律，该学派的最大特色，在于创立了其批判理论（Critical Theory），他们更倾向于探讨历史发展以及人的因素在历史发展中的重要作用。哈贝马斯提出的理性沟通及阿多诺提出的文化工业等，均是上述批判理论的重要概念。

这一时期批判理论的研究为日后生态马克思主义提出生态视角的技术批判等问题奠定了基础。

第二，生态社会主义理论的生态观。20 世纪 60 年代以后，由于工业社会给环境带来的困扰，引发人们不断地反思人类发展与环境污染的矛盾问题，与此同时产生了一大批代表性的著作，如丹尼尔·贝尔的《后工业社会》、约翰·奈斯比特的《大趋势》、阿尔温·托夫勒的《第三次浪潮》等。进入 20 世纪 70 年代以后，生态危机在全球范围内愈演愈烈。巴里·康芒纳在《封闭的循环》中指出："1970 年，环境危机震惊了世界；4 年之后，在人们仍然为清理环境而斗争的时候，我们发现自己又陷入到未意料的能源危机中了。这样，就如同在早期环境危机的年代一样，人们又一次陷入了困惑。"① 研究马克思主义的学者在关注社会现实的同时，也在不断寻找着马克思主义关于生态问题的解读方式，在生态马克思主义理论的基础之上，提出了生态社会主义这一理论。并且诞生了一批论述生态马克思主义的专著，如戴维·佩珀的《生态社会主义：从深层生态学到社会正义》，伯克特的《马克思和自然：一种红色和绿色的视野》，还有科韦尔的《自然的敌人》等著作。福斯特在《马克思的生态学——唯物主义和自然》一书

---

① 巴里·康芒纳. 封闭的循环——自然、人和技术[M]. 侯文蕙译. 长春：吉林人民出版社，1997：3.

中对马克思主义生态理论提出了哲学维度的思考，"在马克思和恩格斯背后存在着的是不妥协的唯物主义，其中包含着必然性和偶然性的概念。这种唯物主义立场是辩证法的核心"。①

在生态社会主义学者主张的观点看来，西方资本主义的矛盾已经由原有的"经济危机"转变成为"环境危机"或者称为"生态危机"，社会矛盾也由劳动的异化逐渐发展到消费的异化，大规模高效率的生产使生产体系与资源环境的矛盾越发突出。生态马克思主义学者利用"期望破灭的辩证法"理论，试图为资本主义社会的异化消费问题寻求答案，对生态问题的思考，成为解决新一轮资本主义社会矛盾的契机。生态马克思主义学者尝试用改良资本主义的方式，走福利国家的道路等方式，使资本主义内部逐渐变革，寻求资本主义同社会主义两种制度的优势互补及融合，实现社会主义对资本主义的逐步替代，以制度的正义作为解决生生问题的最终答案。

西方马克思主义者在各个时期，对生态问题的积极思考，为我们解决社会主义制度下生产生活与生态环境的矛盾、人类生存与自然环境等相关的问题，提供了有益的借鉴和基础。

（3）中国共产党对生态文明建设的探索。在 20 世纪 80 年代以前中国实行计划经济，生态环境问题并非我国人民面临的主要问题。因我国社会的主要矛盾是人民日益增长的物质文化需要同落后的社会生产之间的矛盾，"吃饭问题"比环境问题更迫切，故成为中国共产党必须解决的首要任务。

伴随着我国改革开放的不断深化和社会主义市场经济主体地位的进一步确立，工业化、现代化的水平逐年提高，伴随而来的是日益凸显的生态环境问题。至 20 世纪 80 年代后期国内已有学者正对生态方面有影响的著作进行翻译并进行研究，打开了人们的视野，拓展了国内理论界的思维框架。进入 20 世纪 90 年代后，中国经济水平实现跨越式提高，生态环境问题变得日益迫切，在结合我国实际情况的基础上，对生态文明问题进行了系统研究，产生了许多诸如生态哲学、环境伦理学、可持续发展理论、生态文明等方面的研究成果，对人们的环境意识

---

① John Bellamy Foster. Marx's Ecology in Historical Perspective [J]. International Socialism Journal，2002，96：71 – 86.

的提高和环境保护活动的开展、环境立法以及积极参与国际合作等都产生了重要影响，并促使人们从社会文明发展的高度去认识和解决生态环境问题，为中国的生态文明建立奠定了思想理论基础。

中国共产党对生态问题有着清醒的认识，党的指导思想关于生态文明方面的理论也在不断创新，努力实现经济、社会、政治、环境共赢的局面。

第一，探索可持续发展道路，提高经济竞争力。2002 年，中国共产党在十六大报告中将建设政治文明与物质文明、精神文明，上升到同一理论高度，作为社会主义现代化建设的目标之一来对待。此外，党的十六大报告提出：生态环境不断改善，资源利用效率不断提升，可持续发展能力不断增强，促进人与自然的和谐，推动整个社会走上生态良好、生活富裕、生产发展的文明发展道路，并明确把建设生态良好型社会作为全面建设小康社会的四大任务之一。可持续发展是指既满足现代人的需求以不损害后代人满足需求的能力。换句话说，就是指要将经济、社会、资源、环境当作一个整体来看待，不能割裂它们之间的联系，单纯追求其中任何一个目标。经济的发展不能以牺牲资源环境为代价，应该在平衡好各方利益的基础之上，实现经济发展目标，使子孙后代能有永续发展，"绝不能吃祖宗饭，断子孙路"。

中国共产党在《21 世纪初可持续发展行动纲要》中指出，要实现经济社会可持续发展，就要做到"经济发展方面，要按照'在发展中调整，在调整中发展'的动态调整原则。社会发展方面，要建立完善的人口综合管理与优生优育体系，稳定低生育水平，控制人口总量，提高人口素质。建立健全灾害监测预报、应急救助体系，全面提高防灾减灾能力。资源保护方面，要合理使用、节约和保护水、土地、能源、森林、草地、矿产、海洋、气候、矿产等资源，提高资源利用率和综合利用水平。建立重要资源安全供应体系和战略资源储备制度，最大限度地保证国民经济建设对资源的需要。生态保护方面，要建立科学、完善的生态环境监测、管理体系，形成类型齐全、分布合理、面积适宜的自然保护区，建立沙漠化防治体系，强化重点水土流失区的治理，改善农业生态环境，加强城市绿地建设，逐步改善生态环境质量。环境保护方面，要实施污染物排放总量控制，开展流域水质污染防治，强化重点城市大气污染防治工作，加强重点海域的环境综合整治。加强环境保护法规建设和监督执法，修改完善环境保护技术标准，大力推进清洁生产和环保产业发展。积极参与区域和全球环境合作，在改善我国环境质量的同时，为保护全球环境做出贡献。能力建设方面，要建立完善人口、资源和环境的法律制度，加强执法力度，充分利用各种宣传教育媒体，全面提高全民可持续发展意识，建立可持续发展指标体系与监测评价系统，建立面向政府咨询、社会大众、科学研究的信息共享体系"。①

第二，倡导科学发展观，创新治国方略。在党的十六届三中全会中中国共产党提出"树立全面、协调、可持续的发展观，坚持以人为本，促进经济社会和人的全面发展"，按照"统筹经济社会发展、统筹区域发展、统筹城乡发展、统筹人与自然和谐发展、统筹国内发展和对外开放"的要求，推进中国特色社会主义各项事业的改革和发展。随后在中国共产党第十七代表大会上，胡锦涛总书记在《高举中国特色社会主义伟大旗帜，为夺取全面建设小康社会新胜利而奋斗》的报告中提出"科学发展观第一要义是发展，根本方法是统筹兼顾，基本要求是全面、协调、可持续，核心是以人为本"，从而明确了科学发展观的指导思想。

科学发展观是马克思主义同中国国情相结合，使马克思主义中国化理论上升到了一个新的台阶。科学发展观是同毛泽东思想、邓小平理论及"三个代表"重要思想一脉相承的社会主义实践理论，是我国经济社会发展的重要指导方针。科学发展观要求将发展作为执政兴国的第一要务，要不断解放和发展生产力，进一步提高人民生活水平。并且坚持以人为本，保障人民当家做主的权力，坚持人民利益至上的思想。同时还应做到统筹兼顾，全面协调发展，协调好国家人民、经济环境、资源人口等各方利益，统筹兼顾实现共赢局面。

第三，落实科学发展，构建和谐社会。在深入贯彻科学发展观，切实把科学发展观落到实处的过程中，中国共产党人努力探索，在党的十七大报告中提出"落实科学发展，构建和谐社会"。

和谐社会首先应该是充满创造力的社会，要发挥社会各阶层的积极性，既要保证发达地区的经济持续增长能力，也要兼顾不发达地区的经济发展水平能够稳步提高实现跨越式发展。其次，和谐社会应该正确反映人民呼声，兼顾群众利益，让人民群众有意愿表达渠道，能够积极充分反映各方诉求，第二次分配时，

---

① 新华网．我国发布 21 世纪初可持续发展行动纲要［EB/OL］．2003 – 07 – 25.

遵循公平原则，实现经济社会有序发展。再次，和谐社会应该加快经济政治改革步伐，实现体制创新，建设服务性政府，转变工作职能，增强党的执政能力，为党的有效领导创造条件。最后，务必建立社会预警体系，提高处理公共事件能力。加快社会福利建设步伐，为实现进入小康社会这一目标提供保障。

第四，加强生态文明建设成为中共十八大以来习近平总书记治国理政的重要内容。

中共十八大报告指出：加强生态文明建设，是关系人民福祉、关乎民族未来的长远大计。面对生态系统退化、环境污染严重、资源约束趋紧的严峻形势，我们必须树立起尊重自然、保护自然、顺应自然的生态文明理念，把生态文明建设摆在突出地位，自觉融入政治建设、文化建设、社会建设、经济建设各方面和全过程，努力建设美丽中国，实现中华民族伟大复兴的中国梦与可持续发展。

中共十八大以来，习近平总书记在国内外重要会议、考察调研、访问交流等各种场合，一直强调建设生态文明，维护生态安全。据统计，有关重要讲话、批示等超过 60 次。他反复指出：建设生态文明关系人民福祉，关乎民族未来；务必正确处理好生态环境保护同经济发展的关系，牢固树立改善生态环境就是发展生产力、保护生态环境就是保护生产力的理念，更加自觉地推动循环发展、低碳发展、绿色发展，绝不能以牺牲环境为代价来换取一时的经济增长；节约资源是保护生态环境的根本之策；只有实行最严密的法治、最严格的制度，才能为生态文明建设提供坚实保障；务必推动能源生产和消费革命，加快实施重点任务和重大举措；生态环境保护是利在千秋、功在当代的伟大事业，是一项长期战略任务，要久久为功等。

2013 年 11 月，中共十八届三中全会在京召开，通过了《中共中央关于全面深化改革若干重大问题的决定》。其中，第十四条是加快生态文明制度建设。强调建设生态文明，必须建立系统完整的生态文明制度体系，实行最严格的源头保护制度、损害赔偿制度、责任追究制度，完善环境治理和生态修复制度，用制度保护生态环境。为此，提出了以下具体措施：健全自然资源资产产权制度和用途管制制度。对水流、森林、山岭、草原、荒地、滩涂等自然生态空间进行统一确权登记，形成归属清晰、权责明确、监管有效的自然资源资产产权制度。建立空间规划体系，划定生产、生活、生态空间开发管制界限，落实用途管制。健全能源、水、土地节约集约使用制度。健全国家自然资源资产管理体制，统一行使全民所有自然资源资产所有者职责。完善自然资源监管体制，统一行使所有国土空间用途管制职责。划定生态保护红线。坚定不移实施主体功能区制度，建立国土空间开发保护制度，严格按照主体功能区定位推动发展，建立国家公园体制。建立资源环境承载能力监测预警机制，对水土资源、环境容量和海洋资源超载区域实行限制性措施。对限制开发区域和生态脆弱的国家扶贫开发工作重点县取消地区生产总值考核。探索编制自然资源资产负债表，对领导干部实行自然资源资产离任审计。建立生态环境损害责任终身追究制。实行资源有偿使用制度和生态补偿制度。加快自然资源及其产品价格改革，全面反映市场供求、资源稀缺程度、生态环境损害成本和修复效益。坚持使用资源付费和"谁污染环境、谁破坏生态谁付费"原则，逐步将资源税扩展到占用各种自然生态空间。稳定和扩大退耕还林、退牧还草范围，调整严重污染和地下水严重超采区耕地用途，有序实现耕地、河湖休养生息。建立有效调节工业用地和居住用地合理比价机制，提高工业用地价格。坚持"谁受益、谁补偿"原则，完善对重点生态功能区的生态补偿机制，推动地区间建立横向生态补偿制度。发展环保市场，推行节能量、碳排放权、排污权、水权交易制度，建立吸引社会资本投入生态环境保护的市场化机制，推行环境污染第三方治理。改革生态环境保护管理体制。建立和完善严格监管所有污染物排放的环境保护管理制度，独立进行环境监管和行政执法。建立陆海统筹的生态系统保护修复和污染防治区域联动机制。健全国有林区经营管理体制，完善集体林权制度改革。及时公布环境信息，健全举报制度，加强社会监督。完善污染物排放许可制，实行企事业单位污染物排放总量控制制度。对造成生态环境损害的责任者严格实行赔偿制度，依法追究刑事责任。

2015年"两会"期间，在参加江西代表团审议时，习总书记又强调指出："环境就是民生，青山就是美丽，蓝天也是幸福。要像保护眼睛一样保护生态环境，像对待生命一样对待生态环境。对破坏生态环境的行为，不能手软，不能下不为例。"2017年10月，召开的党的十九大，习近平总书记强调：必须践行绿水青山就是金山银山的牢固理念，坚持保护环境与节约资源的基本国策，像对待生命一样对待生态环境，统筹山水林田湖草系统治理，实行最严格的生态环境保护制度，形成绿色生活方式和发展方式，坚定走生活富裕、生态良好、生产发展的文明发展道路，建设美丽中国，为人民创造良好的生产生活环境，为全球生态安全做出贡献。2018 年 5 月，习近平总书记在全国生态环境保护大会上强调，要自觉把经济社会发展同生态文明建设统筹起来，充分发挥党的领导作用和我国社会主义制度能够集中力量办大事的政治优势，充分利用改革开放 40 年来积累的坚实物质基础，加大力度推进生态文明建设、解决生态环境问题，坚决打好污染防治攻坚战，推动我国生态文明建设迈上新台阶。2019 年 3 月，习近平总书记在全国"两会"上，对生态文明建设提出了新要求：要保持加强生态文明建设的战略定力，要探索以生态优先、绿色发展为导向的高质量发展新路子，要加大生态系统保护力度，要打好污染防治攻坚战。因此，我们一定要深入学习总书记关于生态文明建设的系列论述及其重要思想，以对子孙后代高度负责的态度和对人民群众的责任，真正下决心把生态环境建设好、把环境污染治理好，实现全面均衡协调和可持续发展，努力走向中国特色社会主义生态文明新时代，实现中华民族伟大复兴中国梦。

二、生态文明实践探索

从 17 世纪开始，工业文明至今已经走过 300 多个春秋，从征服自然攫取资源开始，人类走过的每一步，无不伴随着资源的消耗与生态环境的破坏。大自然以其特有的方式警告着人类，环境污染和生态破坏所换来的经济增长是一种得不偿失的行为，人类终将为自己的行为付出代价。生态和环境危机不断显现，大自然已经被工业文明拖累得不堪重负，一场从思维模式到生产方式的变革势在必行，人类要开创一种新的文明形态，以解决生存环境和经济发展之间的矛盾问题，这就是生态文明。

我们所说的"生态文明"，"从狭义的角度来理解是指生物间的和谐共生共存状态，而广义的理解则指一切自然存在物（这既包括大气、水、土地、矿藏、森林、草原、野生动物等，同样也包括人）具有的协调平衡状态"。[①] 对广义的生态文明的理解，较为流行的一种观点是指"生态文明指在改造客观物质世界的同时，人类不断克服改造过程中的负面效应，积极改善人与人、人与自然的关

---

① 谢光前，王杏玲．生态文明刍议[J]．中南民族学院学报（哲学社会科学版），1994（4）：19 – 22.

系，建立良好的生态环境与有序的生态运行机制所获得的精神、制度、物质方面成果的总和"。① 由其定义可以看出，生态文明强调人类与大自然和谐共处，人类在实现对客观物质世界能动作用的同时，要建立一种科学有序的机制，使人类的积极活动与客观世界朝着良性循环的方向发展。

生态文明突出人的自律与自觉，强调自然环境与人的共处共融、相互依存、相互促进，既追求人与人的和谐，也追求人与生态的和谐，而且将人与人的和谐视为自然与人和谐的前提。因此，生态文明是人类对传统文明形态，特别是工业文明进行深刻反思的最新成果，是人类文明发展理念、道路和模式及人类文明形态的一个重大进步。

（一）国外生态文明建设的历史和现状

自近代以来，西方社会生产力的提高十分迅速，同时也带来了一系列消极后果。特别是工业文明造成的环境污染、资源破坏、沙漠化、"城市病"等全球性问题的产生和发展，人类越来越深刻地认识到，物质生活的提高是必要的，但不能忽视精神生活；发展生产力是必要的，但不能破坏生态；人类不能一味地向自然索取，而必须保护生态平衡。20 世纪七八十年代，随着各种全球性问题的加剧以及"能源危机"的冲击，在世界范围内开始了关于"增长的极限"的讨论，各种环保运动逐渐兴起。卡尔逊写的《寂静的春天》是西方现代社会对生态文明认识的标志性成果，他提出人类要理性地对待自然，要创建一种生态和谐的文明形态。这种观点在西方社会引起了强烈反响，无论官方和民众都对其产生了普遍关注。

1972 年在瑞典斯德哥尔摩召开的联合国人类环境会议，1992 年在巴西里约热内卢举行的联合国环境与发展大会以及 2002 年在南非约翰内斯堡召开的里约环境峰会，环境与经济发展的关系与矛盾问题，都成为会议的主题。从认为"因为只有一个地球，所以人类要善待环境、善待地球，保护环境应该是第一位的、首要的"，到倡导"环境和经济发展要平衡"，再到提出"寓环境保护于经济建设之中，在发展中保护环境"，三次全球环境会议可以说是形成了西方社会生态文明发展的三个里程碑，人类不再只是单纯从环境角度研究解决生态问题的办

---

① 刘俊伟. 马克思主义生态文明理论初探[J]. 中国特色社会主义研究，1998（6）：66 - 69.

法，而是不断寻找其深层次的问题，到后期转而从人类自身的问题开始思考利益博弈与平衡。

1980 年 3 月，联合国大会首次使用"可持续发展"一词。1983 年 11 月，联合国成立了世界环境与发展委员会。联合国要求该委员会以"可持续发展"作为基本纲领，制定"全球的变革日程"。该委员会于 1987 年将经过论证的报告《我们共同的未来》提交给联合国，报告比较系统地提出了可持续发展战略，标志着可持续发展观的正式诞生。在全球环境持续恶化、经济发展矛盾重重的背景下，联合国环境与发展大会于 1992 年 6 月在巴西里约热内卢召开会议。会议通过和签署了《里约热内卢环境与发展宣言》《21 世纪议程》等重要文件。这次会议对工业革命以来形成的"高生产、高消费、高污染"的传统发展模式及"先污染、后治理"的路子进行了否定，可持续发展概念被普遍接受。

不少西方发达国家先后制定了有关生态文明建设的法律、法令。1976 年，美国首次制定了《固体废弃物处置法》。1990 年，美国加州通过了《综合废物管理法令》，要求通过能源削减和再循环减少 50% 废弃物。1996 年，德国颁布实施了《循环经济与垃圾处理法》，把垃圾处理提高到发展循环经济的高度。

进入 21 世纪的今天，西方社会对生态问题已经相当重视，对生态文明问题进入了深层次的研究，并且已经落实到行动上。绿色环保生态运动的范围不断深化和扩展，包括生态社会主义、反核运动、环境保护运动、反战和平运动等，都属于生态运动的范畴。并且有力地影响了西方的政治格局，生态文明观念已经深入西方政党的执政理念当中。当代西方生态运动的七大政治流派斗争的主线，是生态社会主义和生态主义（主流绿党）的矛盾、"红色绿党"和"绿色绿党"的矛盾、社会主义和无政府主义的矛盾。革命的社会主义和民主社会主义主张生态社会主义，属于"红色绿党"阵营；传统的保守主义、主流绿党以及绿色无政府主义和生态女权主义均持生态主义的主张，属于"绿色绿党"阵营。

（二）我国生态文明建设的历史和现状

人类社会的不断进步是一种不可逆转的发展趋势，文明之间的新旧更替是一种历史的必然选择，中国经济在快速发展的今天，也受到了来自环境、资源、气候等诸多方面的挑战。因此，转变已有的经济增长方式，构建一种新的文明形态，已经成为各方共识。胡锦涛在 2008 年构建和谐社会专题研讨会上提出："人与自然和谐相处，就是生产发展、生活富裕、生态良好。"中共十六大明确提出建设生态文明的理论以后，整个国家正朝着建设友好和谐型社会的方向发展，党和政府已经把生态文明上升到与精神文明、物质文明同等重要的地位。

1. 中国古代生态文明思想与实践

我国生态文明思想自古有之，传统思想中的天人和谐理论，就孕育着丰富的生态文明内涵，"要先与自然做朋友，然后再伸手向自然索取人类生存所需要的一切"，是我国传统文化中的生态思想的哲学基础。直到社会生产力高度发展的今天，人们讲求的生态文明思想，也并不是要求人类放弃发达的生产力水平而回归自然，回到原始生存状态，而是要人类揭开自然神秘的面纱，了解自然界的生存发展规律，尊重自然选择，在与大自然相互依存的条件下，利用资源，了解环境，解读大自然的秘密，实现真正意义上的人与自然和谐相处。

第一，古代哲学家提出了"天人合一"的思想。儒家、道家思想家都坚持了这一观点。"天人合一"有两层意思：一是天人一致。宇宙自然是大天地，人则是一个小天地。二是天人相通或天人相照或天人相应，即本质上人与自然是一脉相通的，故一切人事都应顺应自然规律，使人与自然和谐共处。古代思想家们认为，天道与人道是融会贯通的一个整体，密不可分。天地万物各自有其自己的规律，看似各自独立生长，是单一的个体，但又无不处在同一个大的自然体系当中，彼此之间又息息相关，不能割裂地只看其中的某一个个体，要相互兼顾，兼容并包。"天人合一"的最终目标是"辅相天地之宜"使人类与天地能够和谐相处。

第二，儒家思想还认为，"天地之大德曰生""上天有好生之德"。儒家学者认为，人类与宇宙万物一样，共生于世，都是各自独立的生命，都应该值得尊重，都不应该被轻易剥夺生存的权利。人类要像爱护自己的四肢躯干一样，爱护宇宙间的万事万物，尊重他们生存的权利。人类还要爱护自然，尊重自然，因为自然环境是人类和其他一切事物生存的基础。

第三，道教思想认为，万物是一个有机整体，合而不同。"道生一，一生二，二生三，三生万物，万物负阴而抱阳，冲气以为和"（《道德经》第四十二章）。道家认为，宇宙间的万事万物都是普遍联系的，以无形生有形，最终得以生万物，事物之间都是有相互演化规律的，天地万物之间都是有统一的产生基础的。

所以人所拥有的一切都是来源于自然，产生于自然，最后也将归于自然。"天地中和同心，共生万物"，道家中的理想世界，是人类与自然环境能够和谐统一的相处。

第四，道家无为而治的思想。道家强调事物之间的平衡，不可过分追求刻意改变。人类应该顺应自然的发展规律去办事，不可逆天而为，违背自然规律，要懂得知足适当，凡事不可强求。要顺应事物的发展规律，逐步适当地进行。

依据现代科学观念，儒家与道家的生态观念是一种朴素的观点，也掺杂了一些不科学的成分和宿命论思想。但是，这些观点强调人与自然不可分割、人应该顺应自然等思想，对于当代生态文明建设仍然具有重要的启发意义。

我国古代社会的农业生产是一种精耕细作型的生产实践。古代农业十分重视对土壤的保护。在南北朝著名农书《齐民要术》里，就有关于土壤保墒的技术。正是这种对土壤肥力的精心维护，才使我国主要农业地区的耕地在历经几千年后，依然能够耕作。而世界上同期的古埃及、古巴比伦等地区的耕地，早就沙漠化了。这表明，古代中国人就已经在生态文明建设上取得了很大的成就。

2. 我国当代生态文明建设现状

从1985年春到1987年下半年，时任中共贵州省委书记的胡锦涛同志带领全省党政班子在广泛调研及组织专家学者论证的基础上，得出一个结论：在同样的政策条件下，贫困地区与发达地区在经济社会发展上存在效益上的差距，其结果将是地区间差距的扩大，如果不相应地采取有力措施，贫困地区将会更加落后。应该变全面推进为重点突破，走一条人口、经济、社会、环境和资源协调发展的新路子。1988年6月，在我国首次提出以"开发扶贫、生态建设、人口控制"为主题的毕节试验区经国务院批准正式成立，与当时全国启动的改革试验特区、开发区不同，毕节试验区是全国唯一以生态建设、人口控制、开发扶贫为主题的试验区。[①] 胡锦涛在党的十七大报告中首次将"生态文明"这一概念写入党代会的政治报告，说明党和政府已经认识到生态环境对国家发展和人民生活的重要性，这为生态文明的发展和建设指明了方向。

---

① 贵州省邓小平理论和"三个代表"研究中心. 我国生态文明建设的较早实践[J]. 理论前沿, 2007 (24).

中国已经意识到，地球是一个整体，是全人类共同的家园。我们每个人、每个国家都有义务维护地球的持久发展。在 2009 年的"G20 峰会"上，胡锦涛同志明确提出中国承诺大幅减排，要降低中国经济增长带来的二氧化碳排放，彰显北京解决全球气候变化问题的决心。他说，到 2020 年，中国将显著减少国民经济产出中每一块钱带来的温室气体排放量。我国已经制定和实施了《应对气候变化国家方案》，明确提出 2005 年到 2010 年降低单位国内生产总值能耗和主要污染物排放、提高森林覆盖率和可再生能源比重等有约束力的国家指标。仅通过降低能耗一项，我国五年内可以节省能源 6.2 亿吨标准煤，相当于少排放 15 亿吨二氧化碳。今后，我国将继续把应对气候变化纳入国民经济与社会发展规划，将持续采取强有力措施。一是强化节能、提高能效工作，力争到 2020 年单位国内生产总值二氧化碳排放比 2005 年显著下降。二是积极开发可再生能源和核能，力争到 2020 年非化石能源占一次能源消费比例达到 15% 左右。三是持续增大森林面积，力争到 2020 年森林面积比 2005 年增加 4000 万公顷，森林蓄积量比 2005 年增加 13 亿立方米。四是积极发展绿色经济，大力发展低碳经济和循环经济，重视研发和推广气候友好新技术。

中共十九大、十八大和中共十八届三中、四中、五中全会对生态文明建设做出了顶层设计和总体部署。2015 年 3 月，中央政治局会议审议通过《关于加快推进生态文明建设的意见》，首次提出：协同推进新型工业化、城镇化、信息化、农业现代化和绿色化，号召全党上下把生态文明建设作为一项重要政治任务，努力开创社会主义生态文明新时代。2015 年 9 月中央政治局会议审议通过了《生态文明体制改革总体方案》。会议认为，生态改革是全面深化改革的应有之义。《生态文明体制改革总体方案》是生态文明改革的顶层设计。推进生态文明体制改革首先要树立和落实正确的理念，统一思想，引领行动。要树立尊重、顺应、保护自然的理念，发展和保护相统一的理念，绿水青山就是金山银山的理念，自然价值和自然资本的理念，空间均衡的理念，山水林田湖是一个生命共同体的理念。推进生态文明体制改革要坚持正确方向，坚持自然资源资产的公有性质，坚持城乡环境治理体系统一，坚持激励和约束并举，坚持主动作为和国际合作相结合，坚持鼓励试点先行和整体协调推进相结合。会议强调，推进生态文明体制改革要搭好基础性框架，构建产权清晰、多元参与、激励约束并重、系统完整的生态文明制度体系。要建立归属清晰、权责明确、监管有效的自然资源资产产权制度；以空间规划为基础、以用途管制为主要手段的国土空间开发保护制度；以空间治理和空间结构优化为主要内容，全国统一、相互衔接、分级管理的空间规划体系；覆盖全面、科学规范、管理严格的资源总量管理和全面节约制度；反映市场供求和资源稀缺程度，体现自然价值和代际补偿的资源有偿使用和生态补偿制度；以改善环境质量为导向，监管统一、执法严明、多方参与的环境治理体系；更多地运用经济杠杆进行环境治理和生态保护的市场体系；充分反映资源消耗、环境损害、生态效益的生态文明绩效评价考核和责任追究制度。会议要求，各地区各部门务必从改革发展全局高度，深刻认识生态文明体制改革的重大意义，增强责任感、紧迫感、使命感，扎实推进生态文明体制改革，全面提高我国生态文明建设水平。2017年党的十九大习总书记提出：加快生态文明体制改革，建设美丽中国。我们的现代化是人与自然和谐共生的现代化，既要创造更多物质财富和精神财富以满足人民日益增长的美好生活需要，也要提供更多优质生态产品以满足人民日益增长的优美生态环境需要。必须坚持节约优先、保护优先、自然恢复为主的方针，形成节约资源和保护环境的空间格局、产业结构、生产方式、生活方式，还自然以宁静、和谐、美丽。

2018年6月，为深入学习贯彻习近平新时代中国特色社会主义思想和党的十九大精神、决胜全面建成小康社会、全面加强生态环境保护、打好污染防治攻坚战、提升生态文明、建设美丽中国，中共中央国务院下发了《关于全面加强生态环境保护　坚决打好污染防治攻坚战的意见》。2019年4月，经党中央、国务院批准，第四批8个中央环境保护督察组于2017年8～9月对吉林、浙江、山东、海南、四川、西藏、青海、新疆（含新疆生产建设兵团，以下简称兵团）8省（区）开展环境保护督察，并于2017年12月～2018年1月完成督察反馈，同步移交89个生态环境损害责任追究问题，要求地方进一步核实情况、严肃问责。中央环境保护督察是推进生态文明建设的重大制度安排，严格责任追究是环境保护督察的内在要求，也是推进督察整改工作和生态环境问题解决的有效手段。吉林等8省（区）党委、政府在通报督察问责情况时均强调，要深入学习贯彻习近平生态文明思想，全面落实党中央、国务院关于生态环境保护工作的各项决策部署，不断提高政治站位，坚决扛起生态文明建设政治责任，打好污染防治攻坚战，解决好人民群众反映强烈的突出环境问题。要求各级领导干部要引以为鉴，举一反三，切实增强"四个意识"，坚定"四个自信"，坚决做到"两个维护"，把思想和行动统一到党中央决策部署上来，自觉践行新发展理念，推动经济高质量发展；要求各级各部门要认真落实生态环境保护党政同责、一岗双责，层层压实责任，抓实各项工作，以看得见的成效兑现承诺，取信于民；要求各级纪检监察机关要强化监督执纪问责，对生态环境损害问题依纪依法严肃问责，为强化生态环境保护工作和打好污染防治攻坚战提供纪律保障。

无疑，建设生态文明，不断提高生态文明建设水平，已成为新时代的重大战略任务。

三、循环经济

（一）循环经济的产生和发展

生态文明理论的提出，要求我们不能片面地看待环境危机问题，要把整个生态系统与人类生存环境，以及人类活动本身，当作一个整体来看待，为人类转变经济增长方式，指明了新的方向。而生态文明作为一种社会文明形态的整体应该包含物质文明、精神文明和政治文明，是应该建立在一定社会生产方式基础之上的，这就要求我们创新思维模式，破解发展难题。与此同时，循环经济具有发展的全面性、协调性和可持续性，是一种全新的发展模式，通过建设循环经济模式，可以实现经济文明、生态文明乃至政治文明等多方面共赢的结果，是生态文明建设的持久动力。

1. 循环经济的产生

人类在自然界中不断变换着攫取资源的手段和方式，其目的就是要更好地向前发展，发展是各个时期各阶段的人类社会永恒不变的主题。人类在自然界中不断生存和发展，就必然要保持与自然界进行物质和能量的交换，并在这一过程中不断学习总结经验，以便创造更高的生产力水平，以满足自身需求。脱离了与自然界的物质交换，则人类自己将无法生存，我们很难想象一个只有人类而无人和其他物质的世界是如何存在的，那么如何面对和处理人与自然的关系，则是这一过程中人类所要解决的主要问题。只有解决好这一问题，人类与自身的生存环境才能和谐共处；否则，将会造成生态恶化，人类最终丧失家园的悲惨后果。

在处理人与自然关系的历史中，大体经历了三个阶段，即恐惧、征服、尊重。在人类社会早期，由于人对自然现象的认识和控制能力极其有限，并且当时基本处于农耕社会，人类的生产力水平极其低下，面对艰苦的生存条件，人类对自然的感情是既有依赖也有恐惧。依赖是因为人类的生产作业基本属于靠天吃饭，离开气候环境，万物无法生长，人类面临生存问题；恐惧则是因为当时科技水平限制，人类对自然现象的认识有限，对于很多天文地理现象原因不明，即使到了现代社会，人类在大自然面前依然显得十分渺小，难以同自然力相抗衡。

随着人类对自然的认识水平不断提高，以及科学技术的不断进步，人类征服自然的能力逐步提高。工业社会创造了前所未有的辉煌，人类不再为穿衣吃饭发愁；相反，人类从自然索取越来越多的资源以满足自己不断膨胀的物质欲望。人类对各种资源进行深加工，并且对自然资源不断探索，发明新机器，创造新财富，人类对资源的索取量空前巨大。在人类获取越来越多满足感的同时，生态危机也伴随而来，过度的采掘使人类自己也陷入生存与发展的两难境地。

面对残酷的生态问题，人类对自己的行为进行了全面的反思，需要在自己与自然环境之间寻找到一种平衡，从对自然的征服走向对自然的尊重。既注重人类自身的内在需求，同时也要尊重大自然的规律，合理利用自然资源，实现利用开发与环境保护的持续发展。循环经济的提出就是人类向大自然生态平衡规律学习的结果。

循环经济以生态学、经济学、社会学等为产生基础，根据质量守恒定理，将人类的生产、消费同自然环境作为一个整体系统来看待，利用物理学、生物学等原理对不同形态的能量进行合理有效的利用，从而实现能量在整个地球生态环境系统中的合理有效的利用。在各门学科综合的基础之上，人们提出了循环经济的构想，并将其运用到生产实践当中去。

2. 循环经济的发展

循环经济的思想最早来源于环境保护兴起的20世纪60年代，美国经济学家K.波尔丁提出的"宇宙飞船经济理论"被视为循环经济的早期代表。这一理论的大致内容是：地球就像在太空中飞行的宇宙飞船，要靠不断消耗自身有限的资源而生存，如果不合理开发资源、破坏环境，就会像宇宙飞船那样走向毁灭。因此，宇宙飞船经济要求一种新的发展观：第一，必须改变过去那种"增长型"

经济为"储备型"经济；第二，要改变传统的"消耗型经济"，而代之以休养生息的经济；第三，实行福利量的经济，摒弃只注重生产量的经济；第四，建立既不会使资源枯竭，又不会造成环境污染和生态破坏、能循环使用各种物资的"循环式"经济，以代替过去的"单程式"经济。

20 世纪 90 年代之后，发展循环经济成为国际社会的趋势。目前，世界上已经形成了杜邦企业内部循环经济模式、丹麦工业园区模式、德国 DSD 回收再利用体系及日本的循环型社会模式四种循环经济模式。

我国 1998 年引入德国循环经济概念，确立"3R"原理的中心地位，即再利用（Reuse）、减量化（Reduce）、再循环（Recycle）；1999 年从可持续生产的角度对循环经济发展模式进行整合；2002 年从新型工业化的角度认识循环经济的发展意义；2003 年将循环经济纳入科学发展观，确立物质减量化的发展战略；2004 年，提出从不同的空间规模：城市、区域、国家层面大力发展循环经济。党的十七大提出推动生态文明建设，将引领中国大力发展循环经济。2008 年 8 月通过了《中华人民共和国循环经济促进法》，这部法律的实施，将有效地缓解我国的资源和环境问题，把开源、节流和保护环境三方面的措施有机地结合起来。

中国政府对循环经济问题也给予了高度重视。党的十六届三中全会提出了"以人为本，全面、协调、可持续发展"的科学发展观，是我国全面实现小康社会发展目标的重要战略思想。胡锦涛指出：要加快转变经济增长方式，将循环经济的发展理念贯穿到区域经济发展、城乡建设和产品生产中，使资源得到最有效的利用。党的十六届四中、五中全会决议中明确提出要大力发展循环经济，把发展循环经济作为调整经济结构和布局，实现经济增长方式转变的重大举措。国务院下发了《国务院关于做好建设节约型社会近期重点工作的通知》（国发〔2005〕21 号）和《国务院关于加快发展循环经济的若干意见》（国发〔2005〕22 号）等一系列文件，"十一五"规划也把大力发展循环经济，建设资源节约型和环境友好型社会列为基本方略。全国上下形成了贯彻落实科学发展观，发展循环经济，构建资源节约和环境友好型社会的热潮。在 2009 年修订《京都议定书》的"G20"峰会上，我国又提出：积极发展低碳经济和循环经济，大力发展绿色经济，研发和推广气候友好技术。

党的十八大提出要"发展循环经济，促进流通、生产、消费过程的资源化、

再利用、减量化"，并提出了"推动资源利用方式根本转变"的新要求。2012 年
12 月 12 日，中央研究部署发展循环经济。会议指出，发展循环经济是我国经济
社会发展的重大战略任务，是推进生态文明建设、实现可持续发展的重要途径和
基本方式。2013 年，国务院下发《循环经济发展战略及近期行动计划》，指出：
发展循环经济是我国的一项重大战略决策，是落实党的十八大推进生态文明建设
战略部署的重大举措，是加快转变经济发展方式，建设资源节约型、环境友好型
社会，实现可持续发展的必然选择。近年来，各地区、各部门大力推动循环经济
发展，循环经济理念进一步确立，产业体系逐步完善，发展水平不断提高，经
济、社会和环境效益进一步显现。当前，我国已进入全面建成小康社会的决定性
阶段，随着工业化、城镇化和农业现代化持续推进，我国能源资源需求将呈刚性
增长，废弃物产生量将不断增加，经济增长与资源环境之间的矛盾更加突出，发
展循环经济的要求更为迫切。为指导和推动循环经济加快发展，实现"十二五"
规划纲要提出的资源产出率提高 15% 的目标，国家编制了《循环经济发展战略
及近期行动计划》，对发展循环经济作出战略规划，对今后一个时期的工作进行
具体部署。各地区、各部门要从战略和全局的高度，充分认识加快发展循环经济
的重要意义，落实工作责任，完善工作机制，加强协调配合，进一步加大工作力
度，采取切实有效的措施，确保完成各项目标任务，全面提高生态文明水平。
2017 年国家发改委等十四个部委联合印发了《循环发展引领行动》文件，对
"十三五"期间我国循环经济工作做出统一部署。这些表明：我国已进入了循环
经济快速发展新阶段、新时代。

（二）循环经济的内涵及特征

1. 循环经济的内涵

循环意味着周期，有周而复始之意；"循环经济"这一术语，是对物质闭环
流动型及资源循环经济的简称，它是 1992 年联合国环境与发展大会提出"走可
持续发展道路"，随后在少数发达国家中出现的一种新的经济发展模式。在循环
经济实践发展与理论研究进程中，可以看出：业界与学界从经济形态和增长方
式、技术范式、环境保护、资源综合利用等多种角度或途径对循环经济给予了
定义。

循环经济的定义有若干种，主要有代表性的观点或表述具体如下：

（1）循环经济是以物质闭环流动为特征的生态经济。与传统的"资源—产品—污染排放"单向流动的线性经济不同。循环经济运用生态学规律把经济系统组织成一个"资源—产品—再生资源"的反馈式流程，使物质和能量在整个经济活动中得到合理和持久的利用，最大限度地提高资源和环境的配置效率，实现经济与社会的生态化转向。

（2）循环经济是一种生态经济。这要求尊重遵守生态学规律，合理利用环境容量与自然资源，将清洁生产和废弃物利用融为一体，实现废弃物无害化、资源化和减量化，确保经济体系协调地置入自然生态系统的物质循环进程中。循环经济的根本目标是要在经济增长过程中系统地避免或减少废弃物，实现低排放或"零排放"，从而根本解决长期以来环境与发展之间的冲突。

（3）循环经济是建立在物质高效利用与循环往复根基上的一种经济发展模式。这要求采用自然生态系统的模式，把经济活动，组织成一个"资源—产品—再生资源"的物质循环反复流动的流程，从而使整个经济系统或者社会生产与消费的全过程总体上不制造废弃物或者较少的废弃物。其特性是低投入自然资源、高效利用自然资源以及低排放废弃物，这将基本上削弱或化解长年来社会经济发展与资源环境之间的尖锐矛盾及其冲突。比较而言，传统经济则是一种由"资源—产品—污染排放"所形成的物质资源单向流动的经济。在传统经济中，一方面，人们以越来越大的力度把地球上的能源与物质开发出来；另一方面，在生产加工和消费过程中，人们又将废弃物与污染大量地排放到自然环境中。在此条件下，人们对资源的利用往往是一次性的与粗放式的。将局部资源源源不断地变成废弃物的方式既催生了经济的数量型增长，也加速了许多自然资源的枯竭和短缺，且酿成了灾难性的生态危机或者说环境污染后果。

（4）循环经济是一种简称即物质闭环流动型经济的简称。循环经济以物质能量阶梯或梯次及闭路循环使用为特点，其环境方面表现就是污染低排放甚至"零排放"。循环经济将资源综合利用、清洁生产、可持续消费与生态设计等融为一体，应用生态学规律来指导人类社会经济活动，因此，实质上是一种生态经济。20世纪60年代以来随着生态学的迅速发展，人们产生了效仿自然生态系统、按照能量流动规律与生态系统物质循环重构经济系统的想法，把经济系统协调地置入到自然生态系统的物质循环中，从而建立一种新的经济形态。20世纪90年代后，随着可持续发展战略的普遍倡议、采纳，发达国家已经把发展循环经济，建立循环型社会，作为实现经济人口与资源环境协调发展、和谐发展的重要途径。

循环经济与传统线形经济的区别，如图 2 - 1 和图 2 - 2 所示。

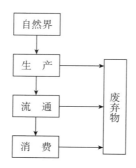

图 2 - 1　传统线形经济流程

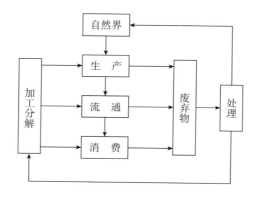

图 2 - 2　循环经济流程

概括起来说，循环经济就是相对传统经济那种缺乏环保意识，以"资源—产品—污染排放"为特征的单项粗放型的经济增长模式，以及后来的"生产—污染—治理"的末端治理模式循环经济的一种变革，其从本质上来说是一种生态经济，强调物质之间的循环再利用，运用生态学规律来指导人类社会的经济活动，合理地利用自然资源，维持一种资源与经济活动之间的生态平衡，在环境容量的限定之内，对物质进行循环利用，务求达到资源环境、经济发展、生态平衡等多方共赢局面。

2. 循环经济的特征

循环经济以低排放、低消耗、高效率为基本特征，它要求人类以最低的资源成本、最小的资源消耗，来获得最大的社会和经济效益，从而使经济发展同自然环境之间有序、和谐发展，促进资源的可持续发展利用。20世纪90年代以来，西方发达国家已经率先对循环经济模式进行了实践和探索，并且总结出一些循环经济建立原则和基本特征。

现行循环经济的操作流程，简称为"3R"原则，即再利用（Reuse）、减量化（Reduce）、再循环（Recycle）。应当指出：成功实施每一个环节，都是循环经济必不可少的组成部分。

其中，减物质化或减量化（Reduce）原则，意在减少进入流通、消费以及生产环节的资源物质量，属于输入端方法，要求人们在开采的环节，采取限量供应，对资源环境实行有序化利用，但不能过度攫取提高综合利用率；反复利用或再利用原则（Reuse）系过程性方法，其目的在于延长产品和服务的时间强度，在生产的过程中，要合理利用资源，改进生产技术，即减少生产环节中的污染和浪费；资源化或再循环原则（Recycle）属于输出端方法，对生产后产生的废弃物进行再利用，使其充分有效地投入到再生产中去，通过把废弃物再次变成资源以减少最终处理量。在以上各个环节中，都要做好对废弃物的循环再利用，回收各种资源以便使其投入到再生产的循环中去，并且大力倡导绿色消费模式。

目前，比较成熟的做法是在企业、社会、环境三个层面进行物质的封闭循环运动，即从企业内部要做到改进技术，减少资源消耗，对生产过程中产生的废弃物进行合理利用，减少单纯损耗；对企业自身不能合理利用的废弃物或者伴生资源，要与其他企业进行互通，使工业生态系统在企业间进行循环利用，废弃物在企业间实现交换；在社会层面上要倡导绿色健康消费理念，要有经济、政策、法规与之相配套，得到社会环境的支持，接受社会的监督，创造和谐共赢局面，以最小的物质、环境、资源代价，换取最大的社会经济效益。

四、建设生态文明与发展循环经济的关系

我国提出建设生态文明，既是可持续发展战略的现实要求，也是全面建成小康社会的必要途径。在如何建立生态文明的问题上，要厘清发展思路，破解发展难题，创新发展模式，摒弃过去单一、粗放型经济发展模式，建立一种全新的可持续发展方式。循环经济是一种符合生态、社会、环境等各方利益要求的新型发展方向，是实现生态文明建设目标的重要途径。

（一）循环经济符合生态文明建设的本质要求

工业社会发展至今，环境问题已经越来越凸显，生态恶化、资源稀缺、人口膨胀等问题严重，人与自然的关系越发紧张，影响人类社会的和谐发展。循环经济是利用生态规律理论，改变传统意义上只是一味地征服自然、改造自然的发展方式，对资源利用进行了优化整合，在认识自然、尊重自然的基础上，利用自然规律的良性循环，实现社会经济效益的优化合理配置。

推行循环经济是实现可持续发展的有益实践。1992年，联合国首脑大会发表了《里约宣言》和《21世纪议程》，明确提出了可持续发展方针，到2002年，世界各国对可持续发展这一理念达成了深入广泛的共识，在约翰内斯堡的首脑会议中，将经济发展、社会进步与环境保护确认为可持续发展的三大支柱。我国政府也将可持续发展确立为执政理念之一，作为建设生态文明型社会的有效途径。循环经济从本质上来说是一种生态型经济，以企业、区域、社会等相互循环，其宗旨是在"无废论"的基础之上，遵循生态规律指导人类实践，把经济活动整合成一个"资源—生产—消费—再生资源"的反馈式流程，最大限度地限制流入领域内的物质量，以达到最好的社会经济效益，实现人类活动与生态环境的相互统一，和谐发展，使人类的生存环境能够良好有序地存在下去，这在理念上与可持续发展的要求是相一致的。循环经济要求对废物和伴生资源的回收和再利用，将经济发展与资源的投入产出，以及废弃物的综合利用率等，放在一个整体系统中来看待，为实践可持续发展提供了途径。

循环经济符合生态文明建设中以人为本的客观要求。以人为本是习近平新时代思想的核心理念，符合马克思主义中国化的时代需求，坚持以人民为中心，要求在发展经济水平的过程中，注重对人们生活质量和环境质量的评估，在物质生活水平提高的同时，保护好生态环境，使人们与社会在和谐共荣的生存环境中良性发展。人类的一切经济活动最终要以提高人们的综合生活质量为根本出发点。循环经济就是在发展经济水平的同时，将环境保护、资源合理利用放到同等重要的位置来看待，发展经济和保护生态齐头并举，以实现经济生活生态化为目标，其实质就是以人为本。因此，发展循环经济不仅符合习近平新时代中国特色社会主义思想，体现了以人民为中心、以人为本的基本要求，也是当前我国生态文明建设的有效途径，更是创新驱动发展、经济转型升级、新时代背景下的我国资源型城市（特别是油气资源型城市）绿色转型发展的一个重要方向。

（二）发展循环经济与建设生态文明具有一致性

循环经济强调要把资源、环境、生态、人口作为一个系统来对待，以它们之间相互依赖彼此相容的和谐共处，作为经济与社会发展的出发点及落脚点、大战略，这与生态文明建设的终极目标完全是一致的。循环经济发展思想主要源于生态文明。生态文明意在建立一种人、社会与自然之间的一种和谐共生、和谐发展的文明形态，以便使整个社会和自然界形成一个有机整体。这就需要一种能够使物质能量循环发展，有机利用的经济模式与之相适应，循环经济为生态文明的建设提供了一种有益途径，因此二者也具有一致性。我国在十八届五中全会及"十三五"规划中也把推进绿色发展、建立健全绿色低碳循环发展的经济体系为基本方略，以期建立与生态环境系统的结构和功能相协调的生态型社会经济系统。遵循循环经济的观念与范式发展经济，引导流通、生产和消费，对废弃物的再利用、资源化以集约化、产业化方式增长，以较低的成本实现资源的有效开发与利用之目的。因此，循环经济发展是我国经济社会发展的一项重大战略，是建设生态文明、推动绿色发展的重要途径。一句话，发展循环经济是生态文明建设和贯彻绿色发展新理念的必然选择。正如李克强总理所指出的，要把绿色低碳循环经济发展作为生态文明建设的重要内容。党的十九大报告强调指出：我们要牢固树立社会主义生态文明观，推动形成人与自然和谐发展现代化建设新格局，为保护生态环境作出我们这代人的努力！包括壮大节能环保产业、清洁生产产业以及清洁能源产业。推进能源生产和消费革命，构建清洁低碳、安全高效的能源体系。推进资源全面节约和循环利用，实施国家节水行动，降低能耗、物耗，实现生产系统和生活系统循环链接等重要举措……毋庸置疑，所有这些都为新时代我国油气资源型城市循环经济发展指明了方向和路径。

第三节 油气资源型城市生态文明建设与发展循环经济的关系

一、油气资源型城市生态文明建设推进的总体思路

在全国贯彻绿色发展理念、大力推进生态文明建设的新时代，我国油气资源型城市要牢固树立以人民为中心的发展思想和"安全第一、环保优先、以人为本、预防为主"的安全环保理念，积极探索绿色、清洁、节约、安全发展之路，努力创建好生态城市。

（一）以社会主义生态文明观引领石油天然气企业生产经营活动

思想是行动的统率。正确的观念或理念对于指导人们的行为具有积极的作用。只有在社会主义生态文明观的引领下，我国油气资源型城市才能从根本上转变石油天然气企业生产实践中对污染治理、环境保护等问题的认识，我国油气资源型城市也才能在实践中真正搞好生态文明建设，并不断满足人民日益增长的优美生态环境的迫切需求。

社会责任既是现代企业竞争的重要手段，也是现代企业长远发展的重要条件。因此，致力于可持续发展的石油天然气企业务必兼顾企业、社会和人类长远利益，务必履行其经济、社会与环境三大责任，务必在油气资源开发与生态环境保护中平衡其角色与定位。

从社会主义生态文明观出发，我国石油天然气企业应密切关注并积极应对全球气候变化，全面推进节能减排工作；致力于无事故、无伤害、无污染的目标，力争在 HSE 即健康、安全与环境管理等方面跻身于全球同行业先进水平；大力实施安全生产、节约生产、清洁生产，大力落实生态文明建设，建成环境友好型与资源节约型的生态企业。

石油天然气企业作为典型的资源型企业，不仅要在企业自身的生产经营过程中力争将其对环境所产生的负面效应降到最小，还应依托大企业的资源和影响力，积极组建广阔的社会参与平台，努力提倡引导和带动全社会共同参与到绿色

发展特别是循环发展引领行动中去。例如，在碳获取、碳储存专业技术及减碳观念和全社会公民绿色行动之间，搭桥梁、建通道，采取绿色创新专项行动；为了削减碳排放，企业可以建立绿色碳基金以鼓励个人、团体与企业投身森林保护、植树造林等活动。

以社会主义生态文明观切实指引石油天然气企业生产经营活动，应该建立并完善 HSE 健康安全环境管理体系，努力通过国际环境管理体系（ISO14001）认证。遵循 PDCA 管理模式，即计划（PLAN）、落实（DO）、检控（CHECK）和改进（ACTION），可实现石油天然气企业即油气企业 HSE 管理体系良性循环。另外，在 HSE 管理体系运行过程中，石油天然气企业还应建立自我监控体系及保障机制，以确保 HSE 战略方针落实。

切实推行环保目标责任制管理。即将治理环境污染达标率与环境污染事故控制率等此类生态环境保护绩效指标，纳入油气资源型城市特别是石油天然气企业各级管理者综合业绩考核中，构建起年度环境保护指标分解体系，对污染排放总量实施动态管理，分级明确每个排放口的达标排放责任人，以便及时治理各级各类污染源（主要来自生产领域和生活领域）。

积极推广 ISO14001 管理体系认证。企业发展实践证明：ISO14001 体系认证，对于我国石油天然气企业提高企业环境治理水平，赢得全球市场竞争主动权，以及以更优良环境口碑与更高水平管理绩效从而赢得客户信任与商机等方面，具有十分重要的作用。

（二）走石油天然气产业生态化的道路

1. 产业生态化是石油天然气产区生态文明建设的必然要求

"产业"是介于微观和宏观之间的一个概念，它泛指国民经济发展的各行业。产业是经济发展的主体和重要力量。现代经济学中一般将产业划分为第一产业、第二产业和第三产业。当然，不断发展的社会实践，决定了产业的划分也可以进一步细化。比如，在第二产业中，还可以继续划分为石油天然气产业、机械制造产业、化工产业等。产业结构的变化与发展，不仅直接决定着经济发展的水平，而且还间接决定着社会发展的状况。换言之，产业发展不但是当今经济社会发展的基础，而且是全球生态文明建设的一个重要内容。应当指出：我国已有的粗放的发展方式所形成的现有的产业发展模式，在经济高速发展的同时，已经造成一系列严重的环境问题、资源问题和社会问题。这些问题显然与当前生态文明建设的要求特别是与新时代人民日益增长的美好生活尤其是优美生态环境的要求是不符合的。因此，进入新时代，油气资源型城市要推进生态文明建设，就必须主动面对并且着力解决产业发展带来的负面影响，而缓解这些问题的主要途径就是实现产业生态化。

产业生态化即指依据生态经济学原理，运用生态法则、经济规律和系统工程等方法，借助运营与管理手段，实现传统产业社会效益与经济效益并重且最大化、生态环境损害最小、资源高效利用特别是废弃物多层次循环利用的目的。产业生态化的本质是把生态环境保护和资源综合利用结合起来，使所有产业符合生态原理与经济规律的要求。如果不注重环境保护和资源综合利用，那么，任何一种产业就无法真正实现其产业生态化。

无疑，生态型石油天然气产业或生态油气产业是产业生态化的重要构成内容。生态型石油天然气产业是一种符合生态环境承载能力、物质能量高效组合利用及石油天然气产业生态功能稳定协调的发展形态与新型产业组合。发展生态型石油天然气产业既是油气资源型城市生态文明建设的客观要求与必然趋势，也是改善油气资源型城市生产环境与人民生活环境，更是提高油气资源型城市的人民生活品质与城市发展质量的重要期盼与现实要求。以资源综合利用和清洁生产为基础，从区域范围应用生态学和系统工程原理对企业生产的原料、产品和废物进行统筹考虑，促使现代工业实现可持续发展——这是石油天然气产业体系生态建设的根本目的。发展生态型石油天然气产业，建议做好环境污染"零排放"、建立物质闭路循环系统、重新利用废物资源、有效降低消耗性污染及重视生态工业园区的建设五方面工作。

2. 石油天然气产业生态化的实现路径

石油天然气产业生态化，既是石油天然气产业完成由粗放型发展转为集约型发展的主要途径，也是促进石油天然气经济可持续发展的重要举措，更是我国油气资源型城市生态文明建设的重中之重。促进油气资源型城市石油天然气产业生态化，务必努力搞好清洁生产、循环经济、环保产业建设三大专项工程。

（1）开展清洁生产。即持续采用改进设计、选用清洁的能源和原料、采取先进的设备与工艺技术、改进管理水平、给予综合利用等举措，包括从源头减少或控制污染，提高资源利用率，削减或避免产品从生产到服务再到使用中污染物的产生和排放，以此减轻或者消除其对人类健康和生态环境的危害。发展实践已证明：清洁生产是国内外石油天然气产业防治污染的最佳模式。

石油天然气企业在清洁生产实施中，应该把握好以下几个方面：

1）出台相关配套政策法规。以法律形式的《清洁生产促进法》，虽然规定了政府实施清洁生产的措施与制度（这客观上为全面实施清洁生产专项工作奠定了坚定的法律基础），但在具体实施中，由于不同地域特别是企业的差异性，决定了此法律条款仍有待于继续细化，应该制定相关配套法规及政策。为此，建议：石油天然气企业依托《清洁生产促进法》，加快制定《清洁生产审核管理办法》《强制回收的产品和包装物回收管理办法》；研究、出台促进油气企业清洁生产配套政策，例如，财政税收政策、产业政策、技术研发及推广政策等，又如石油天然气企业开展清洁生产考核和培训等活动的费用，列入企业经营成本或相关费用科目；激励石油天然气企业研发契合清洁生产以及新时代生态文明建设战略要求的先进技术、设备、工艺和产品，淘汰那些相对落后的旧技术、旧设备、旧工艺和旧产品。

2）扶持清洁生产技术项目。在建设石油天然气企业为主体的科技创新体系中，不断促进产学研深度融合，积极支持和指导其研发清洁生产技术和产品；在国家重点技术改造项目计划及地方改造项目计划中，政府应该优先支持重点油气企业清洁生产项目，并给予一定的贴息资助。

3）加强清洁生产指导工作。为有效推进清洁生产工作，政府务必研究制定油气产业清洁生产技术导向名录或者目录，编制清洁生产相关技术指南和审核指南，以指导油气企业能够合理开展清洁生产；确定工业园区水量定额，制定重点耗能设备强制性能效标准，创建能效标识制度，开展节能节水产品认证；构建清洁生产管理信息系统，定期向社会发布相关清洁生产的政策、方法、技术、管理等方面的消息，加强信息交流；开展清洁生产示范试点工作，树立一批环境清洁优美、资源利用率高、污染物排放量少、经济效益显著且具有国际竞争力的清洁生产典型，或者示范企业或标杆企业。

（2）抓好节能减排。石油天然气企业应该进一步把节能减排专项工作作为优化调整结构、转变经济发展方式、推进制度创新、建设生态企业的主要路径。

为此，可通过积极开展资源综合利用活动，逐步建立环境友好型、资源节约型的新时代生态型企业。

石油天然气企业在开采中，务必尽可能少造成对土壤、河流的污染以及对地表植被的破坏。同时，在油气开采现场、石油炼制与石油化工制造企业中，尽可能"变废为宝"，将有害物转化为有用的资源，做到有毒有害气体的"零排放"，最大限度地消除对当地居民健康的损害。比如，在石油炼制加工的生产过程中，将柴油加氢、催化裂化等装置排放的酸性水引入"两酸"装置，汽提后生产硫黄，将液化气、干气以及柴油加氢装置含硫尾气脱硫后生产硫黄，这样可生产大量的硫黄，同时也相当于大量减少了向环境排放二氧化硫。

石油天然气企业可通过开展国际交流与合作，充分利用清洁发展机制（2005年《京都议定书》生效，发达国家缔约方为实现其部分温室气体减排义务，与发展中国家缔约方进行项目合作，故产生清洁发展机制），以增强节能减排之实效。利用该机制，增加科技含量，必将大大改善生态环境。例如，近年来一些油气城市节能减排工作显著。

二、油气资源型城市生态文明建设离不开循环经济

（一）油气资源型城市石油天然气产业发展循环经济的迫切性

石油天然气工业是能源、矿产资源、水资源消耗的密集型产业，也是最有条件、最具潜力、最迫切需要发展循环经济的产业。依据相关的调查结果分析，油气资源型城市在石油天然气开采过程中所造成的污染状况并非大范围的严重问题，但是，在局部仍有绝对不容忽视的污染和矛盾。石油天然气企业如国内"三桶油"（中石油、中石化、中海油）同油气资源所在地、资源开采同生态保护、油气生产同资源利用等方面问题仍不断涌现。

在油气资源勘探开发、油气长距离输送以及油气加工过程等方面，石油天然气企业均可对环境产生破坏，主要表现在土地酸碱化、水质和空气污染，这影响了局部地区的土壤和生态环境，再加上其他因素，例如，四川盆地内的红色强酸性质的土壤，导致土地酸化更为严重。另外，四川盆地气候宜人，有许多石油地区原本是名副其实的桑蚕之乡，但由于大规模开发油气田，伴随而来的是油气站的"三废"排放污染，使桑蚕产业的发展受到了严重制约，甚至石油产区家畜

中毒死亡的事件发生。个别产区含硫井比较多，一旦排放到空气中有害物质不能得到有效控制，对人、家畜等生命安全危害较大，等等。

针对上面提到的和未提到的各类污染问题，虽然石油天然气企业已经采取相关措施力争危害程度降到最小，但由于各方均从自己利益出发，至今未有较为平衡的解决办法，建立油气资源型城市循环经济发展模式迫在眉睫，这是解决油气资源型城市特别是石油产区生态问题的有效途径。

（二）油气城市发展循环经济符合新时代生态文明建设新要求

石油天然气企业本身就是一个典型的循环发展的过程，石油石化行业覆盖油气勘探开发、炼油化工、储运、销售、贸易等上中下游业务，石油石化企业对油气、水、土地等资源的依赖度和环境敏感度非常高。发展循环经济，不仅技术要求高，而且管理难度大。目前，油气资源型城市开发所面临的严峻形势是，老油田相继进入了开发中后期，含水率不断上升，产液量和注水量持续增加，降耗难度和水资源综合利用难度日益增大；而新投入开发的油气田大多品位低、丰度低，属低产低渗或是稠油油藏，提高采收率和节能降耗的难度很大，需要大量的资金和技术支持。在炼化领域，随着产品优化升级，炼化装置能耗上升的压力不断增大。同时，在优化炼化生产布局、实现集约用地方面，大量工作也需要做。这就要求石油天然气企业不断提高其技术含量，抓紧进行技术改造、工艺提升和设备更新，发展节约型、循环型、清洁型和集约型经济。同时兼顾经济增长、资源利用效率及环境的保护和改善。

随着油气资源型城市开发建设的面积和密度不断增大，石油天然气生产对生态环境的影响也越来越大。在石油天然气勘探开发、炼化过程中，不可避免地造成大量土壤污染、水污染和大气污染，对生态环境造成一定程度的破坏。油气开发的生产作业具有开放性的特征，生产事故具有突发性的特点，这又加大了控制油气污染的难度，从而使油气资源型城市石油天然气产区的生态环境被破坏的危险变得更高。石油天然气开发带来的污染破坏了生态环境，在一定程度上形成了影响油地之间构建和谐关系的障碍。因此，从维护油气开发企业与资源所在地之间的和谐关系来看，走发展石油天然气循环经济之路，以积极主动、科学合理的方式解决石油天然气污染问题，保护资源所在地生态环境，势在必行。

循环经济模式并不简单地意味着资源的回收和再利用。从深层次看，循环经济模式强调，既能满足人们的消费需求，又能控制资源消费，同时满足日益增长的生态和生活环境需求。大力发展石油天然气循环经济，对于有效减少石油天然气污染，在石油天然气产区建设集约友好型社会，加快生态文明建设步伐，实现油气开发可持续发展的战略目标，有着深远意义。

循环经济符合社会主义生态文明观的经济增长模式，因为它抓住了当前油气资源型城市经济发展的制约因素与瓶颈。首先，从资源开采与生产消耗角度出发，发展循环经济，有助于提高资源利用效率；其次，发展循环经济，有助于在减少资源消耗的同时，相应地也削减了废物产生量；最后，发展循环经济，有助于兼顾石油天然气产区的生态环境和城市发展问题，提供了从企业到社会乃至整个生态环境的和谐发展路径。

"它山之石，可以攻玉"，应当指出：在此方面，西方发达国家如德国、日本、美国等为我国油气资源型城市循环经济发展，提供了一些有益借鉴。

第三章 油气资源型城市循环经济发展内部依据

第一节 油气资源型城市的界定与特征

一、资源型城市内涵、分类及发展

（一）界定

关于资源型城市的界定，国内外学者众说纷纭，有代表性的如下：

（1）西方对资源型城市的称法有 Resource – based Town、Mining Town、Company Town 等几种，实质上是指一些在公司主导下形成的、以单一采掘业为主的城市（Birdbury、C. D. Harris，1979）。比如加拿大的萨德伯里、贝尔维尔，澳大利亚的库尔加迪、肯斯顿，美国的梅萨比、马德里，德国的弗赖堡，法国的鲁贝、图尔宽（Marsh，1987）等城市。

（2）国内一些学者认为资源型城市的形成与发展，均显著依赖于先天的自然资源。因此，这类城市属于资源型经济区，其主要特征是输出能源与原材料。例如，郑伯红（1999 年）指出：资源型城市就是专门化职能城市的一种，是指伴随着资源开发而兴起的城市，或者在城市自身发展过程中，由于资源开发促使其再度繁荣的城市。

（3）将资源型城市等同于单一产业性城市，并把单一产业性城市分为两种

·55·

基本类型：一是资源型城市，如大庆（石油）、大同（煤炭）、铜陵（铜矿）；二是产品型城市，如十堰（汽车）、攀枝花（钢铁）、仪征（化纤）等（王元，2000）。而有的学者把专业性工矿城市分为两类，一类其主体是矿业城市，另一类是矿产品加工工业城市，如钢铁工业城市和有色金属工业城市等（鲍寿柏、胡兆量、焦华富等，2000）。

（4）将资源型城市的主导产业定性为矿产采掘业和矿产品加工业。如张秀生、陈先勇（2001）定义资源型城市的主要功能或重要功能是向社会提供矿产品及其初加工品等资源型产品；张米尔、吴春友（2001）定义资源型城市是依托资源开发而兴建或者发展起来的城市，作为一种特殊类型的城市，其主导产业是围绕资源开发而建立的采掘业和初级加工业。

（5）刘云刚（2001）从发生学的角度将资源型城市的定义表述为：因当地资源的开发而兴起，并在一段时期内主要依靠资源型产业支持整个城市经济发展的一种特殊城市类型。注意：这里的资源主要指矿产资源与森林，资源型产业则主要指矿产资源与森林资源的采掘业及其配套辅助产业。

综上所述，资源型城市的内涵，可以界定为那些由于开采自然资源而兴起、壮大，并且资源性产业在工业结构中占有较大份额的城市。城市支柱产业与资源开发息息相关，是此类城市的突出特征。当然此类城市大多形成于计划经济体制下。随着时间推移，近年来此类城市资源日渐枯竭，城市出现衰落，面临转型。

（二）分类

（1）按资源型城市形成时代划分，可以分为现代型、近代型和古代型三类。现代型资源型城市，指新中国成立以后，随着我国矿业的全面和高速发展，兴起或发展起来的一些城市，如大庆、金昌、东营、攀枝花等。近代型资源型城市，如唐山、萍乡、大冶等，这些城市的兴起与19世纪80年代前后出现的洋务运动有关。古代型资源型城市即历史较为悠久的资源型城市，如自贡（千年盐都四川自贡）、淮南、邯郸、景德镇等。

（2）按资源型城市的形成原因划分，可分为有依托型与无依托型的资源型城市两类。后者无依托型的资源型城市即原本没有城市但后来通过矿产资源勘探开发而逐步形成发展而成的资源型城市。如玉门、大庆、阜新、抚顺、白银、淮北、淮南、攀枝花等，都是由于发现了矿产经过勘查开发建设而逐步壮大起来的。前者有依托型的资源型城市是指原有城市，通过矿产勘查开发而具有了资源型城市的功能。如徐州、大同、库尔勒、濮阳、德兴、灵宝、邯郸等城市就是因为矿业资源的不断开发与利用而获得新的发展。

（3）按资源型城市的发展阶段，可以分为成长期、繁荣期（鼎盛期）和衰退期三类（也称为幼年期、中年期和老年期）。成长期资源型城市指那些尚处于创立时期的资源型城市，例如韩城、攀枝花等；鼎盛期资源型城市指那些矿产资源开发利用条件和经济效益已经处于稳定阶段的资源型城市，例如克拉玛依、淮南、淮北、平顶山等；衰退期资源型城市指那些矿产资源濒临枯竭的资源型城市，例如大庆、白银、东营、阜新等。

（4）按产业结构划分，可分为采掘—加工型城市、加工—采掘型城市及纯粹采掘型城市。采掘—加工型城市即指采掘业和加工业并重的资源型城市，加工—采掘型城市则指以资源加工业为主的资源型城市，而纯粹采掘型城市则指以采掘业为主导产业的资源型城市。

（5）按矿业资源开发利用类型划分可分为8类。即煤炭城市（149座）、有色金属城市（80座）、建材及非金属城市（54座）、黑色金属城市（38座）、黄金城市（37座）、化工城市（28座）、油气城市（25座）和综合型（2种矿产以上）城市（14座）（中国矿业年鉴编辑部，2012）。应当指出：我国资源型城市以单一工业类型的城市居多，而综合型城市，则相对较少。

（6）按行政区划级别划分，可分为地级市、县区、乡镇三类。全国现有426座资源型城市中，地市级矿城有86座，县级矿市124座，县城关镇及建制镇级矿城有216座（中国矿业年鉴编辑部，2012）。

（三）我国资源型城市发展概况

1. 发展现状

资源型城市是依托资源开发而发展起来的城市，具有因资源而生的特性，而这种资源往往又是不可再生的，所以资源型城市一开始就不得不面临着产业转型和可持续发展的严峻挑战与巨大考验。新中国成立后，国家重工业化的工业体系建设对于能源、原材料产生了大规模需求，资源开发基地建设受到了极大的重视。围绕资源开发，逐渐形成了一大批资源开发型聚落，其中的一些规模日趋扩大而成为资源型城市，典型的比如大庆、阳泉、淮北、马鞍山、玉门、鹤岗、鸡西等。作为现代城市重要构成的这些资源型城市在我国工业化与城市化进程中占有重要地位。据统计，资源型城市矿业就业人员超过 3 亿，资源型城市矿业工人占全国 80%，资源型城市总人口占全国 25%。另据统计，我国 95% 的能源、80% 的工业原材料和 75% 的农业生产资料，都来自资源型城市。这些城市的矿业及矿产品产值占工业总产值的 50% 以上，其国内生产总值 GDP 占全国近 40%，人均约为全国平均值的 2 倍。虽然，一方面，这些城市为国民经济和社会发展做出了重大贡献；另一方面，这些城市大多面临产业单一、矿竭城衰、就业安置及生态环境等问题。例如，据统计，15% 的我国资源型城市已进入衰竭状态，我国有 400 多座矿山已出现无矿可采危机，300 多万矿工和上千万职工家属工作和生活已受到直接影响。这些问题已经影响到新时代我国国民经济健康持续发展和社会长治久安，因而，研究我国资源型城市科学发展、创新发展、转型发展、绿色发展及可持续发展路径，已刻不容缓。

近年来随着资源性产品的市场供求关系变化以及前期过度开发导致资源日渐枯竭，以致资源所在地城市的支柱产业逐渐衰退，一些资源型城市出现了一系列经济发展与社会民生问题，例如，生态环境破坏严重与亟待修复，城市下岗以及失业人员增多，地方经济增速下滑且全面萎缩，生态环境和经济问题叠加作用下的群体性事件频繁发生等，包括资源枯竭型城市日渐增多。"帮助资源枯竭地区实现经济转型"首次出现在 2007 年 10 月的中共十七大报告中。报告指出：几十个深陷枯竭困境的城市要开始尝试转型。国务院于 2008 年 3 月公布首批 12 个资源枯竭型城市名单。2009 年 3 月，国务院公布了第二批 32 个资源枯竭城市名单。为了使这些城市从资源枯竭、社会问题丛生的泥淖中转型，重新焕发出活力，中央财政先后已对这些城市提供财力性转移支付。在此背景下，我国首先开始试点资源型城市经济转型和产业结构调整工作，积极探讨资源型城市可持续发展与区域经济协调发展道路，特别是大力拓展非矿产资源，包括发展高端装备制造业、高新技术产业、现代服务业及旅游业等，获得了一些可喜成绩，积累了一些宝贵经验，如大庆等。但是，一些资源型城市转型则相当艰难，如 2001 年底，阜新被我国政府确定为首批资源枯竭型城市经济转型试点型城市，阜新从此走上了一条长达数年的转型之路。但是，截至目前，阜新乃至我国整个东北地区的转型之路依然漫长。

2. 存在问题

（1）城市建设阶段性显著。我国资源型城市发展通常呈现出显著的阶段性——资源开发的前期、中期及后期。通常而言，我国资源型城市资源开发前期即创业期，条件往往比较艰苦，这些城市建设说穿了，主要就是为生产服务，往往呈现出资源生产和农业生产相融合的布局比较分散的小城镇模式，其城市形态也比较模糊。即使开展过统一规划，但常常是粗线条的短期行为，或者说几乎未遵守城市规划的通用准则。进入资源开发中期——这是我国资源型城市经济最迅猛的增长阶段，在此时期资源型城市既为国家提供了煤炭、石油、天然气等矿产资源，同时又为资源型城市自身建设发展带来了新机会；受此影响，其城市建设也大大提速，一些大型建筑群如居住区、商业区也随之逐渐形成。但因城市发展初期所积累的分散式布局的弊端，随着城市固有的生活属性的增强而逐渐显露，导致城市人的生产和生活矛盾日渐突出。随着资源开发进入末期，资源开发与城市建设矛盾日趋尖锐，这是因为在此阶段，随着资源减少，导致经济下滑及城市建设资金减少，这势必会影响和制约资源型城市进一步发展。另外，原先依赖资源开发而产生了单一产业结构，本身也面临着向多元经济转化这一过程，此过程若未能顺利进行，那么，资源型城市赖以生存的经济命脉就会随资源枯竭而被切断，城市建设也将无法顺利进行，并使资源型城市发展进入新时期即萎缩、衰退或荒废阶段。这是客观规律，资源型城市不可避免。

（2）产业结构单一。产业结构单一是我国资源型城市经济结构中最显著的重要特征，主要表现为采掘业与原材料工业比重大，重工业比重大，加工工业比重小，高科技产业发展落后，第二产业比重偏低，也不发达。应该说，资源型城市建设初期，产业一般为矿产开采业。随着矿产资源大规模开发，矿业生产能力逐步形成，电力、化工、冶金、建材等高耗能产业也随之得以一定程度的开发利用。改革开放40年来，矿业城市中的非矿产业虽然发展不平衡、不充分，但大多数矿业城市产业结构依然较为单一，尤其以20世纪五六十年代建设的老工业基地城市表现得更加突出，如东北老工业基地。据统计，20世纪90年代以来，因资源枯竭辽宁省35座煤矿中有10座即将关闭，8座有色金属矿山中有7座已经关闭。因为接续产业尚未成形而主导产业衰退，故导致地方政府财政收入减少，下岗人员增加等后果（朱训，2002）。矿业城市往往都是小轻工业，大重工业；小民营企业，大国有企业；小农业，大工业；现代化程度低且产业结构重型化。矿业是支撑地区经济发展的主导力量和财政收入主要来源。因过于依赖采矿业且递进速度慢，造成多数矿业城市经济系统稳定性差，一旦资源枯竭将对此类城市发展造成严重的不良影响。

（3）人才结构单一。资源型城市建设初期即资源开发前期，由于产业为资源开采业且对技术水平的需求往往较低，因此，资源型城市职工文化结构的文化层次总体比较低。城市人才，通常表现为资源型产业人才济济，而其他产业人才匮乏且科技力量较弱。进入城市建设中后期，资源型城市往往根本无法满足城市创新转型升级所需要的多元化、多层次的人才需求。此乃制约我国资源型城市产业转型和可持续发展的深层次矛盾和最关键问题。

（4）环境保护日趋严峻。矿产资源经济活动是典型的环境污染型破坏性产业，尤其是煤炭开采业、石油勘探开发及化工炼制、铁矿及有色金属矿产开采加工等，已造成城市自然景观破坏，也严重影响着空气、水质、土壤、生物及人类生产和生活。因此，资源型城市面临的环境保护方面的压力远大于其他城市。例如，矿业城市环境问题涉及三个方面：一是生态建设；二是防治污染、地质灾害；三是"三废"问题即废气、废水与固体废弃物处理。就污染而言，除居民生活污染外，工业生产特别是矿业生产导致的污染最为突出。近年来，国家生态文明建设日益加强，生态环境专项整治已成为困扰资源型城市转型发展非常突出的重大现实问题（毋庸置疑，资金也是一个至关重要的方面）。

3. 演化机制

（1）计划型发展。改革开放以前，传统的计划经济体制决定了我国资源型城市通常是计划经济体制的产物，这些城市的各项建设与产业发展总体上决定了其基本特征：产业单一，功能简单。大多数资源型城市仅仅是初级产品输出地，包括资源型城市企业的投资、生产、运销等经营活动均由国家计划调控，这严重影响了产业链延伸和产业结构调整。长期以来，大多数城市中的资源型企业是我国资源型城市的主体，管理职能错位，既要搞生产经营，又要办社会；作为管理主体的资源型城市政府，却很难参与这些企业与产业的生产要素配置，为此造成资源开发主体和资源赋存主体在发展目标与发展利益上的错位，故严重削弱了这些企业对资源型城市经济的辐射、带动功效。另外，这些区域产业结构差异与区域分工不合理导致资源型城市"双重利益"损失，即矿业城市常常依据指令性计划廉价向加工地区供应能源、原材料与初级产品，因价格不合理而流失了许多价值；而加工型地区则高价向矿业城市返销制成品，同时又把城市部分价值带回加工地区，从而扩大了区域利益之间的扭曲状态，并加剧了区域经济发展的固有的不平衡、不充分状态。

（2）市场型发展。改革开放以后，在中国特色社会主义市场经济体制背景下，市场成为决定产业结构变动与产业发展的主导性、基础性力量，这严重影响着资源型城市创新驱动发展、产业结构调整、经济转型升级。这客观要求我国资源型城市发展产业时，务必以市场为导向，确立其产业发展战略即以市场为根本导向，合理开发利用其有限资源。由于所具有的先天性的资源优势，资源型城市的人们通常产生以资源为导向的固有观念，这无疑决定了即使从计划经济向市场经济变革中，人们也无法消除那些旧观念。大量投资诸如初级产品生产经营，重复建设，低水平建设，生产过剩，导致大量产品积压，资金回收困难，周转缓慢，经济效益偏低。资源型产业结构调整必须彻底摒弃以往把发展自然资源优势作为确立发展思路出发点的固有思维模式，把市场需求方向作为产业调整结构主方向，全面系统把握市场需求，科学确定经济决策行为，依托市场力量实现资源最优化配置。当前，我国资源市场体系存在如下基本问题：市场竞争无序，资源价格不合理，为此，需要努力持续完善更加开放、良性竞争、规范有序、更具活力的大市场。从发展的眼光看，随着中国特色社会主义市场经济体制及体系的日益完善完备，市场对于资源型城市产业结构优化与升级的牵引作用会越发增强。当然，因资源的稀缺性，在我国资源型城市发展中必须更有效地保护资源，实现资源可持续利用和经济、社会可持续发展。

（3）科学型发展。经济全球化表现为资源配置国际化与市场竞争国际化。当前，我国资源型城市产业发展水平整体不高，国际竞争力偏低，经济全球化适应能力弱，投资环境也亟待改善，这些对我国资源型城市产业未来的发展已产生深刻影响。这决定了我国资源型城市务必要主动适应全球化趋势，积极发挥资源优势，加快转换成经济优势，加快培育和发展优势产业。在我国加入 WTO（世界贸易组织）后既要自觉遵循其规则，又要充分行使自身权利，有效地融入世界经济大潮流。坚持扬长避短、发挥优势这一原则：对于自身的劣势资源即成本高、质量低的资源，多进口；而对于成本低的优质资源，要千方百计多出口，依托国内外两种市场和资源，抢抓机遇、科学发展。应当指出：我们利用国际资源的方式还比较单一，基本上为进口贸易。所以，我国资源型城市应努力走向世界，积极利用国外资源，使资源型企业走出去开展跨国经营。以国际合作增强自身的竞争力，不但要借用国外资金和先进技术来改造产业，还要汲取国外科学管理经验来改进资源型城市管理，增加城市产业劳动生产率，进一步提升资源型城市产品附加值。当然，进入新时代，以人民为中心的发展思想，要求资源型城市科学发展、绿色发展、协调发展、更加美丽。

二、油气资源型城市内涵、分布及特征

（一）内涵

油气资源型城市是指以提供我国石油天然气能源物资的主体、以油气开采业为支柱产业的城市，它们是中国资源型城市的重要组成部分，为我国经济和社会的发展做出了重大贡献，同时，也使这些城市形成了以油气资源开采业为主的产业结构。据统计，油气资源型城市一半以上的国民收入主要依靠石油天然气资源和油气产业发展；在油气资源型城市中，直接或间接从事石油资源勘探开发、生产经营活动的劳动人口约占四成以上。

（二）分布

文献研究与实地调研发现：我国油气资源型城市主要分布在东北、西北、西南等地区。国家发改委公布的全国 118 个资源型城市中，石油资源型城市占 9 个，它们是：大庆、克拉玛依、玉门、东营、库尔勒、潜江、锡林浩特、濮阳、盘锦。这些城市不仅是我国多个大油田的基地，而且已发展成为基础设施完善、城市功能齐全的区域性重镇。随着我国石油天然气工业的发展，近年来出现了一些新兴油气资源型城市如达州、南充等。

（三）特征

（1）油气资源产业对经济社会发展的牵引性。拥有相对丰富的油气资源型城市对区域经济和社会发展具有明显的带动、辐射和中心作用，如中国著名的油城——大庆市财政收入 80% 来自石化。

（2）功能的单一性。油气资源型城市以油气资源开发为主，存在支柱产业

单一，所有制单一，职工就业结构和就业方式单一甚至人们的思维方式单一等特点。

（3）城市对油气资源产业的依赖性。油气资源型城市功能的单一性使城市的发展受到很大限制，油气资源产业对城市的兴衰有显著影响。城市建设投入相对不足，基础设施建设落后，城市功能不全，第三产业发展滞后，可替代产业发展缓慢。

（4）效益递减性尤为突出。油气资源型城市的效益首先取决于资源产业的效益，而资源产业有其生命周期，可以划分为开发期、繁荣期（鼎盛期）、衰退期。油气资源的开采一般都遵循"先上后下、先易后难"的规律，尤其是在资源产业的衰退期，随着资源开采难度的加大，资源开采的成本也越来越高，这必然会造成收益的递减。资源加工业随着资源成本的上升，同样也会出现收益递减的现象。油气资源型产业的衰退不仅导致油气资源型城市经济效益递减，而且使其社会效益和环境效益下降。

（5）生态环境破坏的递增性。随着油气资源开采程度的增强，油气资源型城市烟尘、粉尘、大气、水体污染、油气矿过度开发造成地表植被破坏、水土流失、地表塌陷等将日趋严重，加上治理投入的不足，生态环境必然会日趋恶化。

（6）资源的耗竭性。这是由油气资源不可再生性特点所决定的。随着资源持续开采，油气资源型城市必将面临油气资源产量下降或枯竭，企业效益下降或破产，职工失业、下岗等问题，并最终有可能随着油气资源衰竭而走向衰亡或逐步转型，如油都盘锦。

第二节　油气资源型城市发展现状问题

一、实地调查——基于四川油气产区川中油气矿、龙岗气田及其辖区的调查

（一）调研目的

在我国全面深化改革、创新驱动发展的背景下，实现循环经济理论与油气资源型城市发展实践相结合，实现油气资源型城市绿色发展、转型发展、又好又快

发展，是当前我国油气资源型城市面临的首要任务。对于石油工业而言，循环经济可以有效地减少治污成本，比单纯的污染治理方式更具有可持续性。而作为石油天然气产量大省的四川，倡导石油循环经济的发展模式，是四川石油产区解决环境污染与资源浪费问题、搞好生态文明建设的最佳选择。

为了客观了解和反映四川石油产区目前在石油探测、开采、炼化及运输过程中造成的环境污染问题、石油企业与地方政府的应对措施，以及循环经济发展状况，笔者于2009年2月至4月在四川省内的川中油气矿进行了实地调研。调查首先通过对石油企业、地方政府、地方居民三方安排访谈了解石油勘探及开发过程中产生的实际环境污染问题及应对措施等并收集访谈结果，进而将各地区在循环经济发展上的种种实际举措结合在各作业地区收集到的具体环境监测数据进行分析，客观考察和反映四川省石油产区发展的循环经济应对油气污染、建设生态文明的实际状况。

（二）调查方法

基于实际情况及研究目的需要，本次调查首先采用简单随机抽样的方法，从四川省的川西北油气矿区、川西南油气矿区、川中油气矿区、川东油气矿区、川南油气矿区中，抽取出川中油气矿区。再依据判断抽样的方法，选取南充、遂宁、广安等地区，以及龙岗气田所在的营山、平昌和仪陇等县进行实地调研。调查方法包括集体座谈法和个案访谈法。

1. 集体座谈法

为了客观了解四川石油产区目前在石油探测、开采、炼化及运输过程中造成的环境污染问题、石油企业与地方政府的应对措施，以及循环经济发展状况，笔者主要采用座谈会的方式进行调查，座谈会成员由选取出来的矿区相关部门负责人、工作人员以及矿区所在地区各相关人员代表组成，共举行了5个座谈会。

2. 个案访谈法

为了进一步了解情况，获得丰富翔实的第一手资料，本书还对座谈中发现的典型案例进行了个案访谈，共进行了20个个案访谈。

（三）调查对象

本书的调查对象可以分为三类：地方政府工作人员、石油企业工作人员和地方居民。5个座谈会针对地方政府工作人员2个、石油企业工作人员2个、地方居民 1 个，20 个案例访谈包括地方政府工作人员 8 人、石油企业工作人员 7 人、地方居民 5 人。

（四）调查过程

1. 组织和实施过程

本次调查由笔者总负责，5 名相关专业研究生担任调查员。调查实施前，全体调查员参加了访谈和座谈的培训。依据调查目的，培训的主要内容为分析访谈提纲的内容、特点，理解本次调查的主要任务和工作部署，并强调调查的注意事项以及调查的真实性、可靠性、安全性、调查员形象等。调查员在川中油气矿、龙岗气田及地方政府相关单位和工作人员的配合下，进行了调查工作。

2009 年 2 月之前为调查的前期准备阶段；2 月 20 日～4 月 1 日为调查实施阶段。调查以座谈为主，对座谈中发现的典型个案进行访谈，并配以现场录音和记录。调查完毕后，调查员询问调查对象的联系方式，并记下访谈、座谈的具体事件及地点。调查结束当日，由调查员进行核实。

2. 分析和研究过程

资料收集工作结束后，由相关人员对座谈和访谈所收集上来的资料进行了整理和分析，采用的分析方式主要为定性分析。最后形成调查报告和全部研究报告。

（五）汇总分析

1. 四川石油产区环境污染现状

石油是由上千种化学性质不同的物质组成的复杂混合物，主要包括饱和烃、芳香烃类化合物、沥青质、树脂类等，相关研究表明，石油天然气的勘探、开采、冶炼、使用和运输过程中容易引发一系列的石油环境污染问题。

（1）土壤污染现状。在天然气、石油开采的过程中，伴随大量的油气资源被采掘出来，大量的含油废水、含有重金属的有害废泥浆以及其他一些污染物，也不可避免地产生了。而刚刚开采出来未经过处理的石油、天然气本身也含有对人体和其他有机物有害的物质成分，一旦发生井喷或其他泄漏，就会对土壤造成直接的污染。

本次调查发现，目前在川中油气矿、龙岗气田等油气产区，也存在不同程度的因油气勘探、开采及炼化而引发的土壤污染问题，进一步了解发现，出现土壤污染情况主要是因为当地地质情况的复杂性、技术条件限制，以及管理监督不够严格等多方面的因素：

> "老的油气井，因单井距离远，对石油污染物不便进行集中处理"；"废弃井最受关注。因为这些井原来的场地和废水池无人管理，容易出现事故"；"境内有的废液采取天然净化方式，没有进行处理。"

> "我们这里，油气开发占用的地大都是良田，虽然石油单位对环保比较重视，但目前这些田的复垦质量依然是个问题，同时也存在着安全隐患。"
> （来源：座谈资料）

（2）水污染现状。石油对水体的污染，主要有海洋、江河湖泊、地下水污染。具体来说，油气开采产生的废水主要有钻井废水、洗井污水及残酸污水、采油废水、集输废水等。这些废水含有原油、各种盐类、有机物、无机物以及微生物等，如果不经处理流到自然环境中，将形成较为严重的水体污染。本次调查发现，虽然目前四川油气产区水污染问题不明显，有的地区表示近几年"中石油目前对环境问题比较重视，采取了很多措施，我们也具体地做工作，没有接到过一起群众投诉"，但在某些地区因石油开采曾经也发生过比较严重的水污染问题。

> "×××（某气田名）气田开发，×××（某地）的牺牲更大，土地利用受限（涉及1800亩地），净化厂污水注入了本地的母亲河，流域面积占全县三分之二的辖区面积。"

> "净化厂废水排放要通过消水河，有10多个镇，影响很大。前期开发，对地下水资源有破坏，放炮影响了地下水的走向，农民只好另找水源。"
> （来源：座谈资料）

（3）空气污染现状。刚刚开采出来的未经过处理的石油、天然气的燃烧，会产生硫的氧化物二氧化硫和三氧化硫，造成严重的大气污染。油田伴生气是含有水分、二氧化氮、硫化氢、氮、氦、机械杂质等危害性很大的非烃类化合物，因此，所需要的加工处理工艺比一般的气田气和凝析气的处理工艺更为复杂，加之油田伴生气的量一般较小，过去往往被认为是没有价值的天然气，通常的处理方式是采用火炬燃烧的方法直接烧掉，对石油开采所在地的空气造成了一定程度的污染。

总的来说，本次调查并未发现四川省内几个主要石油产区发生明显的空气污染问题，石油企业往往能够和当地政府密切配合，加强投入，多部门联动来有效预防空气污染问题，以龙岗气田为例，气田试采的五大主体工程第一个项目就是"建立龙岗天然气净化厂，2005 年 5 月落户，第一期工程占地 537 亩，年处理 40 亿立方米天然气"。

此外，各油气矿区在石油勘探和开采项目的论证设计及执行中也对避免空气污染的专项措施进行详细论证和操作。以上这些举措经实践检验都有效避免了气田区域内的空气污染问题。

（4）噪声污染现状。噪声是一种能量型的污染，它会严重刺激人的感官，影响人正常的工作和生活。随着生态文明建设的深入和人民对生活质量要求的提高，石油产业的噪声污染问题逐渐被各界重视。目前，石油产业的噪声污染主要来源于石油天然气在勘探、开采、炼化及运输过程中的各种噪声对附近居民的影响。从本次调查掌握的材料来看，目前四川各石油产区普遍存在噪声污染情况，其中又以钻井开采噪声最为严重。各地政府和居民虽然对石油企业在其他污染治理上比较满意，但都不约而同地表示：

　　"针对开采中噪声较大，因此施工地尽量避免敏感地区，如小学、居民集中居住地。材料也尽量堆放在山体或山体中，在施工时，也使用消声器、消声卷帘门等降低噪声，但噪声污染仍然很大，无法完全消除。"（来源：访谈资料）

由于此类污染暂时的必然性，石油企业和地方政府甚至采用了"对有心脏病等病的病人，采取转移地方的办法进行处理"等措施。可见，噪声污染目前在四川石油产区是一个各界必须面对的迫切问题。

以川中油气矿和龙岗气田为例，调查发现目前四川各石油产区由于石油天然气产业带来的环境污染问题集中体现在上述四个方面的污染问题。总的来说，土壤污染和空气污染状况得到有效防治；噪声污染逐渐成为各产区普遍面临的问题；在某些地区，水体污染状况也比较严重；此外，相关研究中提到的植被环境破坏，在四川油气产区也有所发现，主要集中在管道铺设对植被的损坏上，但由于石油部门对此采取了有效的应对措施，如"管道铺设后马上移栽，最大限度回复植被""四川多雨，不及时恢复，水土流失严重，甚至山体滑坡。在植被恢复上较为及时"，因此并未造成明显的植被破坏问题，在此本书也不作详细讨论。

2. 四川石油产区治污现状

调查发现目前在四川石油产区，对于石油勘探、开采、炼化及运输等环节中带来的诸多环境污染问题，石油企业能够和当地政府密切配合，在条件允许的情况下具体问题具体分析，积极采取各种灵活措施加以有效防治。

（1）土壤及植被污染治理。油企普遍采用的方法是"做好调查工作—根据各种可能发生的情况进行方案设计和选择—严格参照施工规范，控制施工质量—综合修复"，对于修复技术，有的地区也采用了先进的生物修复技术，并在综合修复的同时探索合理赔偿机制，加强善后工作。在技术条件有限的地区，如某井在实际作业中针对"井场基础及井场公路建设，主要环境影响是永久占地和临时占地并造成对地表土壤和植被的损毁，以致导致一定的水土流失"这一出现的情况，采取了"管线施工过程中，管沟两侧 2.5 米范围开挖区将底土翻出，土体结构几乎完全改变，植被全部被破坏，植被恢复需要较长时间；管沟两侧 2.5 米范围内，土体结构改变大，土壤肥力下降，农作物产量将下降"这一具体情况。采取了"对能移栽的树木尽量移栽，对可能保留的树木尽量保留；进场公路建设完毕后，尽快在公路两旁栽种树木；钻井结束后，对临时占地尽快实施复耕、复种、复林；固井、录井完成后，尽快对井场内可绿化的地方进行绿化，种植花草和树木，对因井场建设而破坏了的山林地尽快恢复到钻井前的生态功能"这一缓解措施；某项目在施工过程中按原有土壤层次进行分类堆放，同时控制管沟开挖土壤堆放范围和施工人员活动范围，按原有土壤结构回填，并按 HSE 有关规定将产生的固体废物清除干净，对土壤的影响降至最低限度；在具备一定技术条件的地区，"油田对土壤也有进行细菌处理的，这样能让环境尽快恢复，对于发展循环经济还是有效的"。

（2）水污染治理。各产区的主要措施就是对各种废水进行净化或回注处理。

介于当前国情以及技术限制，各产区并没有普遍对收集上来的污水及石油企业排放出来的石油污水采用先进化的生物处理法即利用来自自然界的各种微生物，对废水中有机物进行降解，从而达到废水净化之目的。从调查掌握的情况分析，目前，川中油气矿及龙岗气田等产区针对不同的废水主要采取了下列几种措施：

钻井废水：处理措施是采用化学混凝法工艺处理，处理后回用。

油田水：油田水不外排，处理方法是将油田水存放于废水池中，定期用罐车运至回注井回注处理。

洗井废水：排入废水池，与钻井废水一并处理。

残酸废水：由施工方进行处理，先加入适量的 CaO 和 NaOH，充分反应后再加入混凝剂，反应的上清液排入废水池，下层污泥入污泥池，脱水后与钻屑一起填埋。也可将回收的残酸废水用罐车运送至其他作业区、用于采出水回注处理时调节 pH 值。

　　"所有废水经处理回注后，剩余部分贮存于循环水池内，三个循环水池容积约 350 立方米，完全能满足剩余废水 120 立方米的贮存要求。"

　　"循环水池必须做好防渗处理，避免渗漏造成地下水污染，也要防止池体垮塌造成地表水污染；井场及循环水池必须建设防洪排水沟，避免山洪水冲刷井场或冲击循环水池，造成地表水污染。"

　　"1 口井平均产生 1600 立方废水。前期采取达标排放，后期不达标的进行循环利用，采取回注。目前回注是最环保的方法。"（来源：座谈资料）

弃井后废水处理：钻井结束后，由于其废水中含有高分子有机聚合物，难以直接处理，故循环水池中的废水全部清运至下一口井的循环水池，作为下一口井工程的循环水使用，不外排，并对循环水池采用模拟雨水淋洗法，按国家标准《污水综合排放标准（GB 8978—1996）》对浸出液毒性检测。"这样可防止废水因暴雨而漫出造成对当地农作物的影响。"

生活污水处理：施工时工人产生的生活污水通过乡镇周边的化粪池处理后，用于农灌或绿化，不外排。施工期结束后，施工期间的生活污水排放对地表水的影响将得到消除。

（3）空气污染治理。调查发现目前川内各产区主要做法就是让气体在高空燃烧，采用对空短火焰燃烧器、以减少热污染。因采用了一整套先进的气井压力控制技术、实现平衡钻井，故在万一发生井喷时，可在短时间内安全控制住井口。对于柴油机废气严格按规程操作，使柴油充分燃烧，废气即可达标排放。

进入项目施工期，目前各产区主要采用"及时清除运输车辆泥土和道路路面尘土""干季适当洒水降尘"和"建材及建渣运输车辆密闭"等措施，用来减少项目施工期的大气污染。

在项目营运期间，针对油井废水调节池有废气发生无组织排放的情况，某井采用了具体的"加强站场绿化、加高水池、修建围墙等，调节池沉淀出来的废渣应该及时清运，禁止在站场堆积"等措施加以应对。

（4）噪声污染治理。针对实际情况发现，目前油气产业噪声的来源主要为钻井噪声以及采油站噪声。

施工期时，各产区一般采用"加强管理管材切割等工序，全部在料场内完成，在施工现场不进行管材加工，避免人为因素造成的管材切割和施工撞击噪声""高噪声工种避免夜间施工""进离场运输工具限速和禁止鸣笛"等措施消除噪声。

营运期时，目前对钻井噪声采取的普遍措施有以下几点：一是将柴油发电机安装于房间内，其"降噪效果可达20dB（A）"；二是在柴油机排气管上安装消声器，消声量可达10dB（A）；三是在振动源上加衬弹性垫料，或涂上阻尼涂料，减少振动传递；采油站噪声主要产生于节流阀和分离器，噪声源强为85～90dB（A）。噪声经过距离衰减和降噪后，"完全可使距离130米外的噪声达到《城市区域环境噪声标准（GB 3096—1993）》1类标准"；对于采油站噪声则在场站内植树，同时修建隔离围墙防噪。

（5）固废处理。以川中油气矿所属南部境内的某井为例，其固废主要为钻井岩屑、不能再利用的泥浆经脱水后的泥饼、钻井废水处理污泥及职工产生的生活垃圾。该井采用就地存放于有防渗的坑池中，脱水固化后填埋等措施，设计填埋坑达到足够深度，以保证填埋覆土层可以复耕。填埋坑先用条石加水泥勾缝，内衬玻璃钢防渗层。清管废渣量小但属机械杂质，应回收送废旧物资站。职工产生的生活垃圾定点堆放，并由垃圾车运输至附近垃圾场集中处理。

（6）落地原油处理。"采油过程中跑、冒、滴、漏产生落地原油，量很小，一般不会污染井场外的土壤和水土，受污染的主要是井口附近的地面和路边地表。"目前我国对落地原油处理方法较多。在四川石油产区，根据实际情况，各产区均采用回收措施，并加强对落地原油的管理，集中收集后，经相关厂家初步处理后送往各地炼油化工总厂炼油。

（7）环境污染事故风险应急措施。以川中油气矿为例，调查发现，川中油气矿成立了专门的风险事故应急处理机构事故应急反应指挥小组。其组织体系采用分级处理原则，分为四级：西南油气田分公司（一级）、川中油气矿质量安全环保部（二级）、南充作业区（三级）、各采油站（四级）。编制了南充作业区《重特大事故应急预案》，对可能发生事故的影响范围、危害程度以及根据事故可能发生的严重程度判断启用应急反应的级别做出了专门规定，落实了生产一线和管理部门在事故应急处理中的职责。对应于具体的各一线工程项目，防范应急措施主要有：

第一，在各井运行和维修期间建立严格的操作规程和制度；川中油气矿质量安全环保部负责组织各采油站对《川中油气矿事故应急预案》进行集中学习，加强员工责任心和员工的技术培训。在工作中认真执行巡回检查和交接班制度，认真执行生产管理制度，按时录取资料并及时汇报，有问题及时解决，消除安全隐患。

第二，在维修、抢修现场配备适当的现场急救措施和急救人员；操作人员培训合格上岗，按操作规程操作，防止异常情况及误操作造成危害。

第三，制定了完善的事故应急预案：如输水管道泄漏应急响应程序、着火应急响应程序、爆炸应急响应程序等。

第四，各井站设有灭火器等基本消防安全措施；井站员工及抢险人员每人配备防毒面具、安全帽、防护衣等。

综上所述，以四川油气产区中川中油气矿及龙岗气田等油气产区的调查发现，其采用的种种治污措施已经得到了当地政府和居民的普遍认可，其治污成效也得到了较好的各方评价。

"中石油的环保搞得较好。"

"总的来说，中石油先搞环评再开采，作为国企，比私企严格得多。"

"中石油环保机制非常健全、非常专业。对事故应急处理十分到位。搞过突发事件的演练。油气田方面对污染的处理力度很大。2007年夏天，1口井的污水池废水外溢，他们花了几十万元拉到遂宁。"（来源：座谈资料）

3. 四川石油产区循环经济发展现状

本次调查研究发现，诸多产区能够秉持科学发展观，具备较强的环保意识，采用了一定的措施发展石油循环经济，提高治污效率，促进当地生态文明建设。

在具体项目的操作上，各产区也根据实际情况，有针对性地发展石油循环经济。

各产区按照循环经济的要求，借鉴发达国家的经验，以石油、石油化工废弃物综合利用和再生资源回收利用为重点，加强再生资源和生活垃圾资源化回收利用，从而推动地方经济发展。具体而言，目前采用的最普遍做法是：

首先，对生活废水处理上，洗涤、餐饮污水经隔油、沉淀后排入生活区的旱厕，做农家肥，不外排。粪便分别入生产区和生活区的两个旱厕，做农家肥，不外排。

其次，对油田钻井废水、废液的处理有的是装起来的，有的实行加水泥和沙等的固化处理，有的覆土。覆土后，做养鱼池，有的种地，多数是养草，也有做晒坝。

再次，钻井后，除天然气外，也会有出现油水混合的现象。各产区对油和水进行分离后，污水装入罐中，注入废弃井，油装入污油罐，拉到炼油厂去处理，这样可以更大效率地利用资源，同时也有利于环保。

最后，各产区还积极发展新技术，拓展废旧物品使用渠道，结合自身和当地实际情况提高资源利用率。

"废液做固化处理后做砖是可行的，也可以节约燃料。这种方式，比回注节约钱，可就近处理。固化后，可搞绿化。目前做砖是一个好的方向。

2005年以后，因经济实力增长，中石油对废弃物加一些固化剂进行固化，覆土填埋，做无害化处理。有严格的规范，要进行检测。在上面覆30

厘米的熟土，可以恢复原来的土地，可进行耕种。净化厂恢复的土地，可以附上水泥，建立体育场等，丰富职工的生活。"（来源：座谈资料）

（六）结论及讨论

1. 四川石油产区油气污染及其补偿问题是影响四川油地和谐关系的一个重要因素

众所周知，油气污染会带来资源地的众多环境问题，危害地方群众的身心健康，扰乱人们的正常生活秩序，相关研究已经表明，在我国各石油主要产区，油气污染及其赔偿问题已越发成为影响油地关系的重要因素。在四川石油产区，笔者通过对当地政府相关部门及群众的调查发现，虽然其大多认可石油企业的治污措施和成效，但都明确表示："只有真正采取必要措施对他们引发的环境污染进行综合治理，妥善处理各种善后事宜，才能消除隐患，让群众理解。"这也说明四川石油产区油企必须高度重视石油污染问题的解决，有效解决好各种后续问题，才能有助于取得资源所在地政府和群众的理解、信任与支持，才能为双方建立长期的和谐关系提供持久的动力，也为构建油地和谐关系打下坚实的基础，最终促进各方和谐发展。

2. 四川石油产区油气污染主要体现在土壤污染、水污染、空气和噪声污染四方面

众多研究均已发现，石油产业容易导致各种环境污染问题，其中又以土壤、水体、大气和噪声污染最为突出，本次调查研究发现，在四川石油产区，也不同程度地存在这几个方面的污染情况。具体而言：

第一，土壤污染、空气污染程度较轻，各部门能够密切配合进行综合治理，污染情况得到有效控制。从调查掌握的情况来看，地方政府、石油企业和地方群众三方对发生在当地的土壤、空气污染状况普遍乐观，均表示虽有隐患，但通过各方努力，已没有太大问题。

第二，噪声污染逐渐成为四川石油产区油气污染的一个重要方面，虽然各地采取了一定的措施加以预防和控制，但介于客观条件的限制，其成效并不明显。调查中，各地政府部门人员和居民普遍反映就是噪声污染比较突出，且虽然有众多治理措施但仍然无法有效控制。

第三，四川石油产区某些地区存在着较大面积的水体污染，亟待有关部门协调解决。本次调查在 2 个县市发现较为严重的污染当地水域的事件，且当地环保部门表示污染情况尚没有得到及时改善。

3. 四川石油产区油气污染主要集中在油气开采环节

油气污染主要是石油、天然气的勘探、开采、炼制、储运环节产生的污染以及遗漏事故，也包括各种石油制品的挥发、不完全燃烧物飘落、含油废水的排放、污水灌溉等引起一系列石油污染问题。笔者调查研究发现，四川石油天然气产区的油气污染主要出现在油气开采环节。

第一，土壤污染、水污染主要归咎于油气开采过程中对工业废水的处理不足。在石油天然气的开采过程中，会产生大量含油废水，有害的废泥浆以及其他一些液态污染物，如果处理不好就会污染周边土壤河流甚至地下水，调查发现，在川中油气矿以及龙岗气田辖区出现的土壤污染及水污染的 5 次典型案例中，3 次是由污水泄漏事故引起，2 次是由污水处理不当造成。

第二，油气井开发和油气管道铺设容易导致植被破坏，对石油伴生气的操作不当也易引发区域空气污染问题。调查发现，对植被破坏的 3 例案例全部为气井开发的输气管道铺设造成，而诸多产群对石油伴生气及外泄天然气的现行操作措施也引起当地各界的担忧。

第三，噪声污染主要归结于钻井过程中的巨大机器噪声。通过调查发现，在各油气产区均发现有噪声污染的存在，当地居民对其的反映普遍集中在钻井过程上产生的巨大及其尖啸和轰鸣声影响正常生活作息。

4. 在治污措施上，四川石油产区各地内外兼修，有效提高了防治效率

（1）各产区均能够贯彻理念，规范管理，从制度上保障环保作业。从调查了解的情况看，首先，川中油气矿及龙岗气田所辖各井的钻井工程整个过程，从环评、钻井监测到钻完以后的生态恢复，都严格执行有关技术标准。钻井过程中的污染控制，包括废水、废气、噪声、废弃物，也是整个开采过程中工作量最大的。

其次，每口井出气以后，就要进行油建，通过一个干线、支线，把气体集中输到净化厂。可能出现的污染情况主要发生在施工阶段，各油井均严格执行规范，合理运作，最大限度地预防污染出现，对施工人员的生活垃圾污染也均进行了有效控制。

最后，在项目管理上，各产区也严格要求施工单位执行环保操作规范，并进行严格考核。同时与高校合作，聘请相关专家，进行环境保护监理、水土保护监理，督促施工单位，杜绝超标排放。

（2）在环境保护和监测上，油企积极纳入社会力量，充分发挥群防群治的优势，取得一定的效果。各产区大都采取聘用方式大力发动社会力量、当地政府、环保部门、居民，进行环保监督。对他们进行环保宣传，发现施工位出问题，及时向油企举报，由油企进行处理，此举获得了当地政府和居民的普遍欢迎。

5. 川内某些油气产区已能够较好发展石油循环经济，把合理利用资源和防治环境污染有效结合

（1）部分产区积极推动水资源的重复利用和其他能源节约建设。调查发现，在实际的开采作业中，某些产区严格控制资源浪费，加强水资源管理，坚决杜绝滥用地下水、超标超采以及工业废水乱排现象，从而有效地提高资源利用率，在保障生产的前提下减少了油气开采对当地自然资源的消耗及污染。

（2）诸多产区大力开展作业后的绿地恢复建设。由于四川地区山林众多，植被丰富，而油气田开采难免会对植被及绿地造成一定的破坏。针对这一情况，各产区均严格制定并作业后的植被重建措施，加强绿地恢复建设，每一输气管道在完工填土后马上移栽恢复植被，从而有效解决了植被破坏问题，也为当地的地质、水文及空气环境恢复提供了直接保障。

（3）某些产区能够积极拓展废弃利用渠道，充分利用废弃物再利用技术支援经济发展。研究表明，油气产业所产生的部分废弃物一般是可再生的，其通过合理的回收往往可以达到循环利用的效果。针对油气勘探及开发产生的诸多可再生废弃物以及作业区生活垃圾，调查发现某些产区已经能够做到合理回收和充分利用，如油地共建建立专业化废品收购厂对废旧金属类材质等的回收以及生活垃圾回收发展农业生态经济等，这些措施都契合了循环经济发展理念，既有效解决了一定的污染问题，又推动了地方经济发展，取得了较好的成效。

二、文献调查——基于大庆油田开采区的生态环境现状调查

地处大庆市区的中心部位的大庆油田开采区，以油气水分界线为界，由南到北纵贯该市，将整个大庆市分为西区与东区。大庆油田开采区环境保护和自身建

设，对大庆市生态建设与油田企业可持续发展都是至关重要、不可估量的。近年来，随着人口激增、过度开垦草原和不合理利用，草原长期超载过牧，泡沼污染、城市建设规模的不断扩大，导致了许多环境地质类问题和地质类灾害发生，其中最主要的包含土地沙漠化、盐碱化（盐渍化）、沼泽化及土壤、地表水体污染，并造成草原、耕地、森林等退化，大部分地区盐渍化与沼泽化相伴而生。由于石油资源开采，石化工业兴起，城市建设加快发展。大庆石油公司或者企业对油田开采区的生态环境给予了综合治理，且取得一定成绩，但仍存在不可忽视的生态问题，亟待进一步强化环境保护与生态修复建设工作。

以喇嘛甸油田北部地区为目标，课题组进行了生态环境调查，调查时间从2013年10月1日持续到10月30日，共计30天，主要调查内容如下：

（1）喇嘛甸油田北部地区范围内的生产设施的位置与分布。

（2）喇嘛甸油田北部地区的生产设施、周围的地貌、植被、土壤土地利用类型及地质、水文、动物分布等情况。

调查情况如下：喇嘛甸油田北东块位于大庆长垣油田的北部。总面积65600亩，其中，土地盐渍化面积9500亩，植被破坏面积8900亩，地理坐标东经1240 56′07″～1250 01′32″，北纬460 43′S2″～46 0 49′S3″。该区地势平坦，海拔高度为147.5～146.3m。生态恢复区位于让林路东侧，土壤以黑钙土、草甸土为主；植被覆盖率不足1%。该区域于1973年投入开发建设，喇嘛甸油田北东块，开发面积954.1亩。目前，共建油田水井432口，其中油田263口，注水井179口；计量间40座；中转站11座；油气处理联合站3座；注水站5座；含油污水处理站3座；含油污水浓度处理站2座；聚合物配制、采出液脱水及污水处理站1座，35kV/6kV变电所2座。油田开发建设前，该地区地表生态环境主要以草原为主，属优质牧草产区。油田开发建设后，随着各类道路、井站、排水渠等地面设施的兴建，破坏了原来有序的生态秩序，区域内发生了严重的草原退化、沙化、土壤盐渍化现象，在区域内出现了大面积的裸地、盐碱滩。特别是井排路、通井路及排水渠的建设，加之埋设各类输送管道留有的土堤等，形成了区域条块分割，导致地表迁流汇集与排泄不畅，形成了零星分布的积水区和封闭区，造成草原长期或临时积水，使原生草的根茎腐烂，逐渐消失，被沼泽植物、耐低湿植物等杂草取代。

通过喇嘛甸油田北部地区的环境问题可以反映出大庆油田的环境问题，参考以往的调查资料，我们认为：因石油开发引起的问题，主要表现在以下几个方面：

（1）土地荒漠化进一步加剧。"地上服从地下"的原则一直伴随在石油开采过程中，也是一直遵循的原则，加之过去重生产、不重保护与恢复的原则，致使大面积的可使用土地在受到油田开采中大型施工机械的反复碾压、施工作业后，地面的原生态植被遭到破坏，雨季慢慢形成积水低洼地，排水不畅，土壤的通透性极其差，使地下水中的盐碱成分通过毛细作用慢慢上升到了地表，而干旱又使洼地变成裸露地块，盐碱的岁月积累使之逐渐形成一块块大小不一的碱斑地块。大面积破坏及地面植被的碱斑的形成作用，使局部的生态环境更加恶化，随着降雨的逐年减少，全球气候变暖等一系列因素，而干旱天气的频繁发生，反过来又影响了地面植被的生长情况，恶性循环使裸露地块逐渐扩大化，经长年的风蚀，逐渐沙漠化。大庆沙漠化最为严重的地区为泰康县，县域内有八大沙丘，两大荒坡，其中小林科沙地面积近10000亩，直接对其辖区县城内龙虎泡油田、敖古拉油田造成直接的危害，大有沙子进、人口退之势，淹没油田之势。全市2120000亩（包括所辖的泰康、林甸、肇州、肇源县）土地中，荒漠化土地面积已达到1030000亩，占全市总面积的48.6%，其中沙化土地面积为700000亩，盐渍化面积330000亩。20多年荒漠化土地面积扩大了577800亩。沙化速度以每年500～1000米推进，距离让胡路西站中心35千米，距离萨尔图油田腹地不足50千米。2001年4月7日的沙尘暴及2002年3月多次沙尘暴天气，严重危害大庆市的生产和生活。因此，对沙化土地必须开展综合整治、生态保护工作。

（2）草原退化、盐碱化、沙化日趋严重。大庆市最重要的生态屏障是草原，草原也是仅次于石油的第二大自然资源。大庆市现有的草原面积已达689000亩，主要分布在大庆市市辖区中西部地区，草原类型主要是草甸草原类和草本沼泽类两大类草原，目前亩产干草达到50千克左右。油田开发前，大庆的自然植被基本上是草原和树木，盛产驰名国内外的优质羊草，属于"蒙古植物区草系"。据1982年普查资料统计显示，全市天然草场面积840000亩，大部分为可利用天然草场且牧草品种繁多，野生植物在天然草场达到300多种，草质优良，亩产干草平均达到181.3千克。而后在油田开发过程中，修建油田路，修建埋设各种管线，修建挖掘引水渠，修建建筑油泵站，修建水泵站及厂矿等，占据了大面积的草原，加上因之产生的土地荒漠化的侵袭，使20年间草原面积净减少151000亩，并且仍有逐年退化减少的趋势。现有草原极度退化471000亩，退化总面积471800亩，占草原总面积的71.8%，而且草原"三化现象"的趋势仍在继续。泰康县境内由于沙地植被的持续破坏，已形成了300多个大小不等的湖坑现象。

（3）林地面积小，布局和树种结构不合理。全市现有林地面积193000亩，其中木材林65000亩，薪炭烧火林8000亩，防护林108600亩，经济林11400亩，森林覆盖率仅为9.1%，远低于全国16.55%的7.43个百分点。现在林地主要分布在大庆东南部，而主要风害方向集中在西北部泰康一带，中部油田区、城乡结合区、松嫩两江护堤等部位仍然缺少树木。主要原因是，在这些地区，盐化土地、沙化土地面积大是由于油田开采引起的且造林难度大，成本高昂。树种结构方面不合理，防护效能高、寿命短的针叶林特别少，只有6700亩占3.5%。这种分布不均衡和结构不合理使防护效益发生区域性中断特点，降低了森林的涵养水源、调节气候等生态功能参数，使市区扬沙和浮尘天气明显增多，局部地区出现"沙尘暴"天气逐渐增多。

（4）湿地面积萎缩，生物多样性遭到破坏。大庆市的湖泊湿地资源丰富，全大庆市现有县区级以上湖泊湿地保护区7个，保护区面积为249000亩，占湿地总面积的44.2%，扎龙国家级自然保护区2/3面积位于大庆的泰康、林甸县境内。野生动植物资源非常丰富，有13种兽类、13种鱼类、176种鸟类。经卫星红外遥感的测定，现有湖泊湿地面积563000亩，其中沼泽、苇地等144300亩，湖泡418700亩。主要分布在肇源县、泰康县、林甸县和市区等地。湿地类型属河流河漫滩沼泽湿地、湖泊及周边草甸沼泽湿地等集中类型。由于油田的深度广度开发，范围不断向外县市延伸，大量的湿地因需要而被开发使用。随着石油化学等工业的发展，污染排放物加剧排放，钻井开采过程中产生洗井废水和化学泥浆使许多湿地变成了泥浆池、废水排放池、排污池等。石油开采使湿地水体、土壤以及植被的大面积污染，使生物多样性平衡遭到了破坏，在逐渐减少野生动植物种类和数量。

（5）地面水环境进一步恶化，地下水超采严重。全市水域地表面积418700亩，其中湖泊面积175700亩，占水域面积的41.96%；水库面积42000亩，占水域面积的10%。地下水可开采量为每年9.6亿立方米。石油生产、石油化工以及相关产业的逐年发展，城市建设规模的逐步扩大，生产、生活污水、废水等排放量逐年增加，加之大庆油田地理位置又处闭流区，地面湖泊水泡水流条件差，致使地表水又遭到较为严重的污染，主要表现为非离子氨、pH 值、总磷、高锰酸钾、化学耗氧量、矿化度及生化耗氧量等超标，出现石油类物质污染。由于采油过量开采注入地下水，造成区域地下水位下降加剧，水质污染严重，在大庆长垣油田附近已产生两个区域性水位下降漏斗，漏斗面积分别为 4500 平方千米、1600（包括林甸、杜蒙、安达部分）平方千米，中心水位下降分别为 36 米、44 米。由于漏斗范围内承压含水层压力减小，含水层释水压密，可能导致地面塌陷及地面沉降，现已经发生了油井井管断裂和输油管扭曲破裂等现象。由于开采过程中漏斗的存在，深层地下水已经发现局部污染的现象。

（6）地方病问题因环境的污染开始日益严重。大庆地区除去原有地方病，如氟斑牙病、氟骨症病、大脖子病症外，近年来各种癌症的发病率逐年提高，其主要表现为烃中毒。烃是石油中的化学成分，也是致使诱发癌症高发的主要原因。肇州县是地方病的重病县，同时也是黑龙江省西南部主要干旱县份，病情、旱情十分严重，病情主要是氟中毒病。氟中毒病区遍布全县 16 个乡镇场，192 个村，787 个自然屯，患病人数 198300 人，患病率达 46.99%。氟中毒分为氟斑牙和氟中毒两种类型，8 岁以下氟斑牙患病人数约 190000 人，占检查人数的绝大部分，其中 13～17 岁的患病人数为 320000 人，8～12 岁的患病人数为 280000 人，占检查人数的 31.58%；氟病患者 3325 人，患病率为 7.88%，是黑龙江省氟病最重的县，氟中毒严重危害当地人民的身心健康，轻者破坏牙齿，生长发育迟缓，免疫能力下降，重者可使四肢变形，骨质疏松，背柱弯曲，肌肉萎缩，以致丧失劳动能力，生活不能自理，严重影响了病区人民的生产、生活、制约了地方经济的发展。因此，需查明当地的水文地质条件，对不同目的用水，应合理开采不同层次的地下水。对深部水质良好的含水层提出保护的措施，使当地居民饮上符合生活饮用水标准水质的地下水。

（7）地面沉降区域性地下水位下降。沉降区域主要集中在大庆油田采油区。大庆油田经过 30 多年的开发建设，水源地、开采井及开采量逐年增加，到 1993 年底，共建各类自备水源地 46 座，共有生产井 649 眼，其中位于市区的水源地 39 座，生产井 584 眼，开采量 3.9 亿立方米且数量及开采量逐年增加。根据地下水长期观测资料，大庆市区已形成了两大面积区域性地下水位降落漏斗。自 1972

年大庆长垣西部第四系承压水水位大幅度下降，到1992年已发展成为约120千米、宽约40千米的大面积区域性水位下降漏斗，其平面形态为肾状，长轴呈南北向，南到大同区高台子镇，西起绿色草原二合屯，北起林甸县向前乡，东到南二水源东部的泰康组含水层（大庆长垣）边界，面积4500平方千米。漏斗剖面呈北陡南缓、东陡西缓的形状，漏斗中心约在八百晌水泡子带，1972～1992年地下水位下降到36.87米，降深17.2米。1972～1976年漏斗发展迅速，到1976年漏斗中心水位埋深为29.5米，比1972年下降了9.88米，面积扩展了2倍以上，漏斗中心水位埋深增到34.24米。1990年后地下水开采量又持续增加，水位也随之下降，漏斗中心水位埋深增到36.87米，当地下水开采量保持一定时，漏斗水位则保持相对稳定。大庆长垣东部由于超量开采白平系明水组承压水也形成了一个较大的地下水降落漏斗，漏斗平面形态为鸭梨状，长轴亦呈南北向，约为55千米，短轴东西向约40千米而漏斗平面范围基本未发生变化，仍保持在20世纪80年代的影响范围内。说明地下水降落漏斗的规模直接受开采量大小的限制，水位的变化与开采量的变化呈正相关关系。北起大庆水库（黑鱼泡水库），南到安达市升平镇北约10千米，西自大庆长垣东翼，东到安达市区、中本镇一带，面积约1575平方千米。漏斗中心水位埋深为32～33.5米，为基本稳定时期。漏斗中心水位持续下降，水位埋深已达44米（局部最深已超过50米）。

（8）土壤污染问题开始凸显。排放在土壤中的溶滤残留，农药、化肥的残留是土壤污染的主要途径，也就是"三废"的问题，"落地油"排放、钻井施工中的化学泥浆排放，含油废水排放等对土壤的污染，据有关资料显示开采中"落地油"具有比重小、黏度大、不易溶于水的特殊特点，其淋溶、渗透深度大部在10～30厘米土壤中，而此深度正是大部分农作物吸收养分、水分的深度，这样使土壤中总烃、酚类、芳烃含量增高了10～100倍。被污染的土壤可使农作物减产一半以上，重者达到绝产，并且农作物中总烃、芳烃、酚类含量随原油污染程度的加重而明显增高，落地油的污染可使草原植物的有机物含量及酚、Bap含量高于未被污染地区10～80倍，超过土壤背景值的许多倍（以农田土壤为标准）。众所周知，钻井施工中的化学泥浆排放、含油废水等排放可使土壤中的金属元素、有机物含量随污染的加重而增加，在淋溶、聚集作用下污染土壤长期影响作物生长同时又可以使农作物产生毒害，危害人体的健康，而草原是牲畜主要放牧及饲草来源地之一，通过食物链可影响畜产品质量安全，从而影响人类的健康状况。

这些生态问题严重地制约了农林牧副渔各业的发展，影响了当地居民的生活质量和身心健康，从而引起了中国社会各界的普遍关注。为此，黑龙江省国土资源厅做出了对大庆周边地区包括四县因油田开采生产造成的生态地质环境破坏进行治理的总体步骤，选择重点区域进行勘查治理示范，旨在通过对大庆油田重点区域的大气、土壤、水体、生物等环境要素全面系统的研究，科学地评价区域地质环境质量，找出影响生态环境的主要问题和地质灾害原因加以评价、评估，提出改善和保护环境的科学对策，并进行综合治理，达到保护区域生态环境，保障人体健康，合理开发矿产资源，利用土地、高效发展工农业生产的目的，促进环境效益、经济效益和社会效益的统一。

三、总体现状

四川油气产区和大庆只是调查的两个区域，实际上，实地调研相关区域及文献检索后发现：自新中国成立以来，特别是改革开放、建设有中国特色的社会主义市场经济体制逐步形成和完善以来，在党中央国务院的领导下，我国油气资源型城市在城市建设实践中进行了积极探索，取得了一定成绩，也面临着严峻考验，其总体现状如下：

（1）新中国成立后到 20 世纪 80 年代末，我国石油工业建设特别是国家重工业化的工业体系建设对于石油天然气等能源、原材料产生了大规模需求，油气资源开发基地的建设受到了极大的重视。围绕油气资源的勘探、开发，逐渐形成了一大批资源开发型城镇，其中的一些规模日趋扩大而成为资源型城市，典型的比如大庆、盘锦、东营、克拉玛依、濮阳、茂名、玉门、任丘等。这些城市是中华人民共和国成立后新设城市的重要组成部分，在其开发期、成长期及繁荣期为发展和繁荣地方经济、推动国民经济和社会的发展做出了重大贡献。

（2）20 世纪 90 年代以来，特别是在改革开放逐步深入、有中国特色社会主义市场经济体制逐步建立下，随着城市油气资源储量的逐步减少，油气产量逐年递减，一些油气资源型城市逐步进入了其衰退期，一些城市经济发展滞缓，居民生活水平下降，失业人口大幅增加，生态环境日趋恶化，发展的持续性受到了极大的挑战。以大庆油田为例，大庆油田经过 50 年的开发，产量经历了快速增长、高产稳产和产量递减两个阶段。以 5000 万吨以上高产稳产了 27 年，创造了油田开发史奇迹。但随之而来的是油气资源品位的变差和减少，这给大庆等油气资源城市的发展带来了严峻的挑战。另外，2008 年 3 月 17 日，国务院公布的首批 12 个资源枯竭型城市名单，油气资源型城市盘锦位列其中。

（3）一般来说，油气资源型城市的发展大都会经历"开发建设—中期鼎盛—经济衰退—产业调整—繁荣发展"这样一个过程。21 世纪来，面对着油气资源型城市畸形的产业结构和单一的经济结构发展瓶颈，特别是面临着资源渐趋枯竭导致油气资源产业难以为继的严峻问题，一些油气资源型城市开始尝试产业结构调整与经济转型，努力探索资源型城市可持续发展和区域经济协调发展之路，特别是大力拓展非油气产业，包括积极发展高新技术产业、环保产业现代服务业和旅游业等，取得了可喜成绩，积累了宝贵经验，如 2008 年大庆已从昔日的油城升级为现在的绿色之都、旅游魅力之城。

四、现存问题

新中国成立 70 年来，我国油气资源型城市得到较快发展，取得了可喜成绩，但也出现了诸如经济结构单一、生态环境污染、油地矛盾突出等一系列经济、社会问题，主要表现在以下方面：

（一）产业结构畸形，经济结构单一

以油都濮阳为例，在计划经济时代追求资源产品生产数量的扩张，导致濮阳市主导产业单一，第二产业居于绝对主导地位，第一、第三产业发展滞后。而第二产业的产业链较短，不能带动相关产业的发展。第二产业的支柱企业中原油田则主要是石油采掘业和炼油业，经济增长的质量不高，基本是粗放式的经营。城市经济发展又过度依赖于资源的开采及粗加工，导致产业结构畸形，经济结构单一。据 2003 年濮阳市工业产品产量公报显示，原油年产量为 361.57 万吨，比 2002 年减少了 4.9 万吨，原油产量在下滑。而濮阳市的中小民营企业发展速度较慢，力量薄弱，有些处于成长期的企业由于缺乏必要的政策支持而夭折，一些合资项目由于经营不善及人员配备等多种原因面临倒闭，大大削弱了外商投资的热情。虽然还有中原乙烯和中原大化两大中央直属企业支撑，但是这两个企业的生产原料仍然主要依靠中原油田提供。

（二）资源型产业从业人员比重大，人才结构单一

油气资源型城市建设初期，产业为油气资源开采业，对技术水平的要求不是很高，所以城市职工的文化结构中文化层次偏低的比重较大。在人才方面，往往是资源型产业人才济济，而其他产业科技力量不足，人才缺乏。到了城市建设中后期，无法提供给城市转型的多元化人才需求。以濮阳为例，濮阳市的石油采掘及加工业的从业人员占全市从业人员的比重高达75%，这为今后濮阳产业转型带来了更为严重的人力资源问题。

（三）人力资源的发展水平较低

以油都濮阳为例，濮阳市科技人员大部分集中在中原油田、中原大化和中原乙烯三大企业，而中原油田最初是由国内各大油田职工采取会战的形式汇聚在一起建立的。所以科技人员、管理人员和部分技术工人大都是从外部迁入，而大多数劳动力来自周边农村，文化素质较低，技能单一。濮阳市仅有一所技术职业学院，大部分学校提供的都是基础教育，难以自主培养大批高层次的人才，这也制约着今后濮阳市的产业转型。

（四）环境质量破坏严重，生态环境压力巨大

石油天然气工业经济活动是严重的环境污染和破坏性产业，特别是石油化工炼制与加工活动产生的诸如固体废弃物、废水和废气处理等问题，对城市自然景观、非物质文化遗产的破坏，对大气、水质、生物及人类生产生活影响十分严重。因此，资源型城市面临的环境压力比其他城市要大。油气资源型城市建设初期，人们对城市环境问题的认识不充分，加上技术发展水平的限制，油气资源型城市的环境治理缺乏力度。油气资源型城市建设后期，资源枯竭，主导产业衰退，接续产业还没有形成，导致城市经济萎缩，财政收入锐减，环境治理与生态建设成本加大，如2005年中石油松花江水污染事件。

五、成因分析

（一）历史原因

新中国成立后，国家重工业化的工业体系建设对于石油天然气等能源、原材料产生了大规模需求，石油天然气工业发展受到了极大的重视。围绕石油天然气

资源的开发，逐渐形成了一大批油气资源型城市，如大庆、东营、克拉玛依、玉门、盘锦、濮阳、任丘、茂名、库尔勒等。油气资源型城市也因此成为国家直接投资控制和扶持发展的主要对象。

（二）现实原因

新中国成立后，由于国民经济和社会发展的急迫需求，受制于计划经济，我国油气资源型城市从发展之初就走上了一条追求资源产品数量扩张的道路。由于这个阶段资源开发尚处于增产期，城市可持续发展并未受到充分的关注，而在市场经济体制下其弊端日渐暴露。

（三）客观原因

首先，新中国成立以来，在大规模推进工业化的进程中，一大批油气资源型城市伴随着资源的大规模开发而相继兴起，这也符合工业化初期城市发展的一般规律。其次，关于油气资源型城市发展问题，在当时是新事物，没有成功模式可以供我国汲取或借鉴。

（四）主观原因

政府虽然对于油气资源型城市发展问题进行了探索实践，但对油气资源型城市如何科学发展、和谐发展等，既缺乏科学规划和环保意识，也缺乏可持续发展战略思维。

第三节　油气资源型城市发展机遇挑战

一、发展机遇

（一）我国政府对资源型区域的可持续发展高度重视

资源型城市是经济发展高度依赖或者依附或者依从于本地自然资源的特定城市。资源型城市经济发展是国家工业化进程的重要保障，资源型城市实现可持续发展，无论从经济社会发展全局来看，还是从城市所在区域发展来看，还是从资源型城市自身发展来看都是十分重要而且十分迫切的任务，是我国深入实践科学发展观的必然选择，是事关中国工业化进程、现代化建设和国民经济社会可持续发展大局的重要问题，也同时是中国经济社会和谐发展的重要组成部分。

资源型城市是伴随资源的开发而兴起的城市，在我国城市中资源型城市占很大的比重，其在我国经济与社会发展中的重要作用也不言而喻。从世界上资源型城市的发展来看，资源型城市转型、实现可持续发展，是工业化、城市化程度加深的必然结果，同时也是世界性的难题。我国资源型城市转型、实现可持续发展受计划经济体制、转轨经济影响明显。同时由于受工业化步伐影响，起步较晚。但随着我国近年来工业化和城市化、城镇化步伐加快，资源型城市特别是资源枯竭型城市可持续发展问题变得越来越突出。

我国对资源型区域的可持续发展高度重视，这为油气资源型城市可持续发展创造了新的机遇。在 2007 年，国务院出台了《关于促进资源型城市可持续发展的若干意见》。该意见提出，2010 年前，资源枯竭城市存在的突出矛盾和问题得到基本解决，大多数资源型城市基本建立资源开发补偿机制和衰退产业援助机制，经济社会可持续发展能力显著增强。2015 年前，在全国范围内普遍建立健全资源开发补偿机制和衰退产业援助机制，使资源型城市经济社会步入可持续发展轨道。在 2008 年 3 月 17 日国家发改委确定了国家首批共 12 个典型资源枯竭型城市。为进一步促进资源型城市可持续发展和区域经济协调发展，2009 年 3 月 5 日，国家发展改革委公布了 32 个资源枯竭城市名单并要求，资源枯竭城市要抓紧制定、完善转型规划，提出转型和可持续发展工作的具体方案，进一步明确转型思路和发展重点，为全国资源型城市的经济转型和可持续发展探出一条新路。这些城市中涉及玉门等油气资源型城市。

（二）国家调整油气资源产业结构政策的出台，为油气资源型城市可持续发展，降低金融危机影响创造了条件

作为轻工、纺织、汽车、电子、日用品等行业的配套产业，油气资源产业资源、资金、技术密集，产业关联度高，经济总量大，直接关系促进相关产业升级和拉动经济增长。受金融危机的影响，油价大幅波动，我国油气资源行业 2009 年 8 月开始进入低谷期，生产增速大幅下降，行业景气下行低迷，甚至出现负增长，石化行业产能过剩、结构不合理，进而影响产业所在区域可持续发展的矛盾进一步显现。

目前，国家出台石化产业振兴规划，有望通过调整产业和产品结构，优化产业布局，提高产业规模化和一体化经营程度，发展新产品新技术实现产业升级，增强行业的可持续发展能力、核心竞争力，拉动内需，促进经济的发展。根据未来三年的油气发展规划提出的重点任务和政策保障措施，我国将建设大型油气生产基地，将稳定松辽、渤海湾盆地等东部老油田产量的同时，加快塔里木、准噶尔、鄂尔多斯、四川盆地等西部油气区建设步伐；建设大型的炼油基地，合理规划布局，扩大炼油规模，开工建设四川等大型炼油项目；建设完善的油气储运设施，将加快建设含西北在内的四大进口油气战略通道；积极推动石油储备。同时，通过实施积极的能源投资政策，推进能源投融资体制改革，加大财税政策支持力度，加快能源法制建设等措施保障油气行业的可持续发展。

二、面临挑战

虽然我国油气资源型城市经过多年发展取得了一定成绩，但也面临着很多挑战，主要表现在以下方面：

（1）我国石油对外依存度的不断提高，使国际油价的涨跌直接影响国内油气资源产业进而影响油气资源型城市的发展。近年来，维持中国经济以超过两位数的速度高速增长，而引致的中国能源需求量持续加大，能源供需矛盾日益显现，石油安全供应面临巨大压力。过去 10 多年里我国石油消费量年均增长率达 6% 以上，而同期石油的产量年均增速在 2% 以下。另外，由于国内开采量增长缓慢，原油开采量并不能满足中国经济发展需要。自 1993 年成为石油净进口国之后，中国石油进口量屡创新高，目前每年原油、成品油进口量已超过 1 亿吨，已成为世界第二石油消费大国；石油对外依存度近八年来保持了较快增速，从 2001 年的 30% 左右一路提升并于 2008 年接近 50%。2008 年我国进口原油 1.7888 亿吨，原油消费对外依存度达 47.9%，石油消费对外依存度达 49.8%。据预测，如果中国国内石油生产和消费能力维持在目前水平，石油资源勘查没有取得重大突破，按照目前发展速度，2020 年石油进口将达到 2.5 亿吨，对进口石油的依赖程度提高到 60% 左右。据分析，目前我国石油对外依存度处在中低"末梢"，逼近"中高"。

石油对外依存度不断提高的直接结果就是国际油价的涨跌直接影响国内油气

资源产业，使我国石油安全面临较大挑战，进而越来越深刻地影响我国国民经济的安全与发展。换言之，石油对外依存度升高的背后，是油气资源对国内经济发展的制约作用越来越大，油气资源供应已经成为制约我国国民经济发展的主要瓶颈之一。

更值得注意的是，我国石油对外依存度不断提高是出现在能源安全问题备受很多国家关注的背景下。21 世纪以来，世界经济形势发生重大变化，包括我国在内的很多国家越来越关注能源安全问题。2006 年 7 月，能源安全问题就被列为俄罗斯圣彼得堡"八国集团"峰会的主题，很多国家深入研究全球油气资源，研究"石油何时将会枯竭"和如何应对"后石油时代"人们面临的一系列问题。

对我国而言，与石油对外依存度不断提高伴生的是油气资源型城市的可持续发展问题。不容置疑的是，我国石油对外依存状况已蕴藏着巨大风险。一方面，世界大型和超大型油田的储量正以每年 4% ~ 6% 的平均速度减少，以致关于石油危机的警告频频出现。另一方面，少数发达国家和跨国公司垄断有限的油气资源中的绝大部分，中国进口需求受到限制。这种供需矛盾使油气资源可持续发展受到挑战并会严重制约油气资源型城市主导产业的发展，影响"提高效率，保护环境，保障供给，持续发展"的中国能源发展战略的实施，影响区域经济和我国国民经济社会的可持续发展。

此外，我国石油日渐趋高的对外依存度遭遇国际油价罕见的大起大落的剧烈震荡。2008 年国际市场石油价格，伦敦布伦特油价全年平均为每桶 98.4 美元，同比上涨 35.4%。7 月国际油价创纪录：每桶 147 美元，5 个月后跌破每桶 40 美元，降幅超过 70%。我国全年原油进口平均价格高达 723 美元/吨，涨幅高达 47.7%。国际市场石油价格剧烈震荡放大了国内市场供需的不确定性，我国石油安全面临新的课题。还有，和国际上发达国家相比，中国石油资源储备能力建设进度滞后，保障国家能源资源安全上缺乏能源战略和商业储备体制（目前美国的石油储备可供使用 150 天左右，日本的石油储备可供使用 200 天左右，而中国的石油储备只可供使用 7 天）。这导致我国油气资源型城市面对经济震荡时，主导产业抗风险能力非常弱；油气资源型城市可持续发展面临着严峻挑战。

（2）国内外发展低碳经济的步伐加快。使采取一系列措施解决我国油气资源开发利用中引发的环境问题，推动油气资源型城市可持续发展，成为确保经济社会又好又快发展的必然选择和迫切要求。

可持续发展并不是一个新命题，但是随着经济社会的发展和研究的不断深入，其被不断赋予新内涵。可持续发展是当今世界发展的重要主题之一。它是对人类发展经验教训的反思，尤其是对工业革命以来发展道路反思的结果。中国高度重视可持续发展。我国政府 1994 年审议通过《中国 21 世纪议程》，成为世界上第一个制定和实施 21 世纪议程的国家。1996 年我国把可持续发展正式确定为今后经济和社会发展的两大基本战略之一。2002 年我国将"可持续发展能力不断增强，生态环境得到改善，资源利用效率显著提高，促进人与自然的和谐，推动整个社会走上生产发展、生活富裕、生态良好的文明发展之路"列为全面建成小康社会的四大目标之一。2003 年我国提出了坚持以人为本，全面、协调、可持续的发展观，可持续发展理论在中国实现新突破。

以牺牲生态环境为代价的传统发展模式，对生态环境产生了多种巨大的负面作用，是形成和加重各种环境问题、环境污染的主要原因。发展低碳经济，实施可持续发展战略，就是要减少和预防环境污染，避免造成新的环境灾害和不对生态环境造成负面影响，确保经济社会行为适应资源和环境的承载能力；同时节约使用、高效使用资源和能源，实行清洁生产，加强生态环境建设和生态环境治理，将防灾减灾纳入经济社会发展计划和规划之中。从能源消费构成来看，以石油、天然气、煤炭为代表的传统能源消费目前占世界一次能源消费总量的 90%。全球二氧化碳排放量的 75% 是由于石油、煤炭等燃料燃烧产生的。近 20 年来，全球大气中二氧化碳浓度不断上升，环境污染加剧。

我国在过去高速发展的 20 多年里，油气资源型产业产生二氧化碳、烟尘，形成酸雨、水污染、固体废物等，"三废"的大量排放严重污染环境，严重破坏区域生态环境，导致极为严重的环境灾害问题。据统计，我国每年由于环境污染所造成的损失估计占到 GDP 总量的 10%。中国人口未来 15 年将达到 14.6 亿。按现在的资源消耗和污染控制水平，未来 15 年我国污染负荷将增加 4 ~ 5 倍，生态环境将承受更大压力，因此这一时期既是中国环境安全最危险的时期，也是环境与发展矛盾最突出的时期。

解决由油气资源开发利用导致的环境问题既是我国面临的现实问题，也是影响我国长远发展的战略问题，是我国实现可持续发展的基础和重要保障之一。油气资源型产业是实现经济增长，保障能源供应的主力军。采取一系列措施解决我国油气资源开发利用中引发的环境问题，深入实践科学发展观，实现油气资源型产业可持续发展，推动油气资源型城市可持续发展，是确保经济社会又好又快发展的必然选择和迫切要求。

第四章　油气资源型城市循环经济发展影响因素

第一节　政策制度

　　我国是社会主义社会，经过 40 年的改革开放，公有制经济在油气资源型城市中仍然占有很大比重。改革开放前那种计划经济的思想在部分国有企业员工中依然存在。他们习惯于上层给他们制定的年度或季度生产指标或提出其他相关政策或要求，他们来按指示来完成。不仅这些国有企业，很多其他性质的企业也都有类似特点。这使他们习惯于追随上级的政策或指示从事生产经营活动，而政府部门或其他上级部门也习惯于制定相应的政策或指示。从而，中国的企业都非常重视当地政府部门的政策和法规规定，尤其是当地的产业政策、经济改革政策、税务优惠政策，以及其他的一些扶植或激励政策。这些企业在通盘考虑国家政策方针及法律基础上，结合自身特点及当地相关政策，综合考虑自己企业的发展方向及定位，如果必要，他们会做出重大改革决策或其他决定企业命运重大决定。因此，城市管理者制定的相关经济及产业规划、政策与法规对当地经济发展起着非常重要的引导（在某些环节甚至主导）作用，这直接影响企业群体的生产规划与布局，从而影响城市的产业布局及经济总体走势。因此，城市管理层所制定的这些规划及政策科学合理与否直接且深远影响着城市的发展及走向。例如，现在很多油气资源型城市都面临着可持续发展及经济转型的问题，对此当地政府管理层制定了一系列的相关政策、规划，并结合当地产业特点为当地重点区域与企业给出了适当的建议。鉴于此，很多企业开始转型，原先一些纯粹矿业企业也开始涉足新能源领域或其他朝阳行业；有些企业开始考虑如何拓展产业链以获取国家有关扶植循环经济发展的相关资金，同时加入当地生态工业园享受更多的产业及税收政策等。总体来看，有些城市已经取得了较好的效果，有些城市尚处于前期发展期，收效还不明显。虽然发展阶段和实施的效果参差不齐，但大家为了城市能够拥有一个美好未来的努力，我们是有目共睹的。

一个城市未来往往取决于城市的整体规划与定位，城市规划与定位做得科学合理，那么规划的实施就具有较高的可行性，就容易取得预期的效果。反之，会严重影响城市的未来发展。城市规划的实施必须辅以相应的政策法规及管理机制，这两者一旦落后，会严重阻碍规划的实施进度，进而影响城市发展大局。

现阶段，很多油气资源型城市都在大力发展循环经济，希望通过运用新的经济发展模式为城市的可持续发展做出积极的贡献。基于此，很多油气资源型城市制定了相应的产业规划、政策法规等，建立了相应管理部门，并在此基础上，积极引导生态产业园的构建及重点循环经济试点企业的发展等。这对于城市循环经济的发展起到了非常大的引导作用。需要注意的是对于城市有关循环经济发展的规划、政策，一定要在充分认识循环经济内涵及当地企业特点及产业结构基础上，依照实事求是、统筹兼顾、奉公无私的原则，以实现城市长远发展为目标，在保持生态、经济、社会三方共赢的大前提下，科学合理地制定当地的相关政策及规划。

要想把循环经济深入开展下去，就必须逐步重建一套新的经济制度体系，包括基础性制度，如产权和价格等制度；规范性制度，如生产、采购、消费和贸易制度等；激励性制度，如财政、金融、税收和投资制度等；考核性制度，如国民经济核算、审计和会计制度等。如对于政府财政支出或相关补贴政策来说，按发达国家标准，环保投入需占到 GDP 的 2%～3%，才能对环境起到较好的保护作用。综观我国众多城市环保投入水平，绝大部分还远未达到上述要求。

对于促进循环经济发展的具体政策，首先应当明确各种政策的内涵以及会对循环经济起到什么样的作用，在此基础上，改革掉不利于循环经济发展的政策，并依照实境变迁制定更加合理的政策，将原本缺位的政策弥补上，最终建立起较为完善的循环经济发展政策体系。

第二节　科技水平

循环经济不同于传统经济，它是以清洁生产和关键链接技术及废弃物回收再利用技术为支撑的。可以说，没有相关技术的发展与变革，发展循环经济就是空中楼阁。我们需要改变以前粗放的生产方式，通过技术升级提高资源利用与再利用效率，即重视清洁生产技术的开发与应用。

企业搞技术创新的直接目的是占领市场和追求利润最大化，而政府部门是为了实现城市与社会的可持续发展。政府应该鼓励技术创新向资源消耗更少、环境污染更少的方向发展。以前，我们过分强调劳动生产率的提高，而相对忽视资源利用率及环境效率的提高。这使我国短期内就出现了西方各国本来百年工业化进程中出现的各种恶劣环境问题，如工业污染、生活富营养化、酸雨、水土流失、空气污染、物种入侵等问题更是越发恶化。我国的环境问题越来越复杂，这为解决环境问题带来了越来越大的阻碍。

既为了解决现有的环境难题，也为了实现经济、社会的可持续发展，提高资源开采与利用技术、环境保护技术成为人类社会技术发展的必然方向。例如，国际上兴起的绿色汽车、绿色化工等清洁能源技术，还有我国发展的太阳能技术、电动汽车技术等，这些都是我们应该密切关注和发展的技术创新方向。当然还有很多发展循环经济的新技术，这样的例子非常多。如通过延长产业链来尽量降低能源使用量和废弃物排放量；再如通过开发新技术从而采用新能源、新材料来生产部分生活必需品，从而减小对不可再生资源的依赖和废弃物的排放；再者还可以通过技术创新提高垃圾回收及分解水平，从而减轻污染物对环境的压力。

总之，科技进步和创新是循环经济发展的基础和原动力，没有新技术和新工艺的应用，循环经济很难取得实质性的发展。

第三节 人 力 资 源

一个城市的发展与转型，归根结底还是靠人才。循环经济作为一种新型经济发展模式，无论从技术层面还是管理层面都不同于传统经济模式。循环经济是对传统经济模式的一种革命，要想把循环经济科学有效地实践到现实中去，必不可少地需要大量专门管理和技术人才。

我国是人口大国，单从城市人口总数和单位人口密度来看，我国人力资源丰富，但同时人力资源总体质量不高。发展循环经济涉及众多先进技术的开发与应用，如先进生产技术、关键链接技术及废旧资源再利用技术等。很多资源型城市正是因为缺乏相应的技术人才才使该市的循环经济实施遇到较大阻力，实施效果大打折扣。

人才的来源分两类：一类是来自本地培养，另一类是来自外地迁入。本地培养就要求有相应的教育机构、设备、高素质的教育团队等硬件条件及相应的政策、教育管理制度等软件条件。我国大部分油气资源型城市在开展本地教育方面虽然开展了一些工作，但由于自身众多因素限制，教育规模和质量相对较低。针对循环经济的专门教育与培训则更是稀少，当地民众对循环经济了解情况不容乐观。这也是不可避免的，每个城市财政支出是有数额限制的。当然也并不是不可以解决，关键在于城市管理者对循环经济的重视程度以及对财政的分配处理。对于外来人才引进要突出自身特色和吸引力，以尽量优惠的政策从心理层面来争取优秀人才。

第四节 产 业 结 构

产业结构是影响城市可持续发展和循环经济发展的重要影响因素之一。油气资源型城市经过数年的发展，油气相关产业在城市经济中占有很大比例，随着油气资源的枯竭，油气资源城市的经济发展面临巨大阻碍。摆脱危机的关键还是产业结构的转型。鉴于原有经济结构格局的制约，循环经济的发展需考虑向两个方面发展。一方面，循环经济须建立在原有产业基础上，如通过延长油气化工产业的生产链长度，加强企业内部物质流动，降低污染物的排放和资源消耗量，同时加强与其他企业之间物质互补连接，实现企业之间的废弃资源的互利共生。另一方面，需重新规划新型产业和企业，通过技术创新和大胆改革寻求循环经济发展。

中小企业在构建循环经济产业链时存在规模小、资金有限、投入与产出少等问题，因此要求政府相关部门在充分考虑中小企业存在困难基础上来制定相应规划。要充分考虑大企业与小企业之间的数量配比与耦合关系，在做产业结构调整时，既要做到定性分析又要做到定量规划。不能像某些产业规划部门那样，仅仅依据企业的知名度、规模、产业内容等传统因素，来进行产业规划和管理。这样常会导致开发区内企业之间原材料与废弃物不能够很好地衔接，不具有良好的循环性，甚至有的园区企业之间存在产业结构雷同、重复建设现象，非但没有节约资源、减少污染，反而成了几种污染的反面教材。

一般而言，循环经济的发展需要适量的绿色产业、高新技术产业、污染处理产业等作为产业支撑。而现阶段油气资源型城市对这些产业开发力度尚不足，还有很大的发展空间。例如，废物回收利用产业，我国很多城市在该产业的投入不足，重视程度不够，发展缓慢，与国外差距较大。如 1999 年德国玻璃瓶的回收再利用率达到 85%，废纸达到 88%，各类包装材料的再利用率达到 80% 以上。

第五节　观念意识

近年来，循环经济作为一种新型经济发展模式，得到各级政府大力倡导发展，使建设节约型社会，发展循环经济，实现社会、经济与环境可持续发展逐渐成为人们的共识。但受以前经济发展模式及我国经济发展方针、激励政策的影响，传统的粗放管理和重开发、轻节省，重速度、轻实效，重外延、轻内涵的观念根深蒂固，没有把发展循环经济真正摆在正确的位置重视起来，节约意识和循环意识不强，浪费资源和破坏环境的现象到处存在。从各个层面上来说，循环经济的重视程度不足极大地阻碍着循环经济健康发展。

从公民的角度来说，城市的主人是住在城市里的公民，公民意识及行动是影响城市发展的重要因素，城市循环经济的发展自然离不开每一个市民的积极努力。要想使城市的居民能够真正以主人翁身份投入到循环经济实施过程中，首先应对他们进行有针对性的宣传与教育，让他们知道循环经济的内涵和意义。这是提高公民循环经济理念的重要措施，具体方法主要包括基层政府宣传（宣传栏、报刊、工艺广告、专题会议、专题培训等），电视广播、学校教育辅助教育等。然后就是要制定合理的发展循环经济的具体政策来规范公民的生活行为。如通过限制使用一次性产品的生产、发放数量来引导人民提高环保意识；再如通过适当的资金补贴政策促进可再利用废旧电器或机动车回收等，尽最大限度减少固体废弃物的堆积。当然必不可少的还有相应的惩罚和激励机制。实施循环经济最好的方法就是人人从我做起，从生活点滴都能够体现循环经济的"3R"原则，那么建设循环经济城市的目标就为期不远。

此外，法律体系的完善性以及城市所在区位、历史文化因素、人文习俗等也在一定程度上影响着循环经济的发展。

第五章 油气资源型城市循环经济发展动力机制

第一节 动力机制内涵

一般而言，在社会科学里所讨论的动力机制应包括三层含义：一是事物发展所需动力的生成与类型；二是发展动力的获取及传递；三是各种动力推进事物发展的作用方式和机理。显而易见，循环经济无论作为一种发展模式还是作为一种增长方式，都不可能自发生成、自发演进，必须有强大的动力和有效的动力机制，才能推动这项巨大而复杂的系统工程有效运转。正是在这种意义上，我们把循环经济的动力机制定义为：循环经济系统运行演进过程中动力的形成、获取及其作用方式；换言之，是指循环经济各相关因素相互联系、相互作用进而形成推动系统发展前进动力的过程。因此，在社会的各个层面上形成强大的动力，并构建高效的动力机制，是发展循环经济必不可少的重要条件。

如果我们把一种发展模式的建立或一种新增长方式的形成近似地视为一种制度变迁过程的话，那么有关制度变迁的理论就可以很好地解释循环经济发展中动力机制的作用问题。虽然冯·哈耶克关于自发秩序的思想对于时间大尺度视野下的人类历史演进过程具有很好的解释力和洞察力，但对于某些具体制度的生成和演进，道格拉斯·诺思关于制度理性设计的观点似乎更有生命力。依据直观经验判断：资源和环境日趋严格的政府管制行为，决定了全世界最终都将选择循环经济发展之路；然而，这是一个非常漫长的过程；或许在此进程中，资源日益枯竭，环境日渐被耗损以致无法修复。换言之，如果按照循环经济的基本思想，进行有目的的理性设计，构建合理高效的动力机制，不仅可以促进这一新制度的形成，而且既可以大大减少对资源和环境的破坏，也可以大大减少了制度创新的机会成本。由此可见，对油气资源型城市循环经济发展动力机制的研究，不仅具有重要的理论创新意义，而且具有巨大的实践应用价值。

如前所述，动力机制应包括动力的形成、动力的传递和动力的作用等环节。根据发达国家发展循环经济的成功经验，经过深入系统的分析与归纳，我们认为，一个国家（或地区）发展循环经济的动力机制一般可以概括为如下几个方面：经济利益驱动机制、社会需求拉动机制、科技进步推动机制、政府支持的促进机制。

第二节　德国机制介绍

在欧盟成员国中，德国是循环经济发展最早、水平最高、成效最显著的国家之一。自20世纪70年代开始，在政府、企业和国民的共同作用和密切配合之下，经过30年的发展壮大，循环经济已经成为德国经济的一个重要组成部分，取得了巨大的成就，为世界各国竖起了一个高高的标杆。那么，是什么原因使德国循环经济能够取得如此的成功呢？或者说是什么样的动力机制推动着德国循环经济的健康发展？根据前文的讨论，我们拟从如下四个方面进行介绍。

一、经济利益驱动机制

在现代市场经济条件下，发展循环经济的主体从根本上说应该是企业；而企业的基本目标是追求自身利益的最大化。因此，只有当循环经济能够给企业带来实实在在的好处（降低成本或增加收益）时，企业才有足够的动力去实践循环经济，这是发展循环经济的根本动力。在德国，各地都有为企业提供垃圾再利用服务的公司，它们向企业提供相关技术咨询和垃圾回收处理等业务，并以此获取公司存在与发展所需的资金和利润。实际上，德国的循环经济就是以"垃圾经

绿色发展理念下油气城市循环经济发展研究

济"为特征的，一个基本表现是私营垃圾处理公司呈现出不断发展的趋势。目前，废弃物处理已经成为德国的一个重要产业，每年的营业额约有410亿欧元，占全国GDP的2%，并创造了20多万个就业机会。

德国BIOJerm公司利用生活垃圾干法产沼气并用沼气发电，形成了垃圾—沼气—发电—有机肥的产业链，并且在政府相关政策的支持下，取得了较好的经济效益，实现了经济效益—生态效益—社会效益的统一。据测算，该公司每处理一吨垃圾的毛收入达到98~120欧元，利润率十分可观，五年即可收回全部投资。在德国纽伦堡市郊的废旧汽车处理厂以及拥有上百年历史的纽伦堡最大的废旧金属回收公司，都是将废旧材料作为企业进行生产的材料，并且通过这种"放错了地方的资源"的充分利用，使企业不断发展壮大，甚至成为百年企业。企业是一个经济组织，只有在保证其最低收益能够抵偿其成本之后才可能生存下去；只有源源不断获取利润才可能发展。德国这些企业的存在就证明拥有循环经济理念的企业不仅可以在激烈的竞争中生存下来，而且能够不断发展壮大。正是这种经济利益（利润）的存在，构成了企业发展循环经济的动力。

二、社会需求拉动机制

随着经济的发展和社会的进步，人们追求生活质量的提高和生态环境的改善已经逐渐成为一种自发和自觉的行动。德国人提倡绿色消费，即节约资源，减少污染；绿色生活，环保选购；重复使用，多次利用；分类回收，循环再生；保护自然，万物共存。绿色、无污染或低污染用品已经成为德国人的首选，企业为了迎合消费者的这种口味，不得不进行改良化生产，这在一定程度上促进了企业进行绿色环保生产。在德国，循环利用资源、保护生活环境已经深入德国人的日常生活之中了。例如，德国厕所里洗完手用的拭手巾是布而不是纸，使用后浸湿的部分随即卷入；在德国各式各样的饭店里，几乎不使用纸杯、纸碗、纸盘、卫生筷等一次性物品。这些都说明德国人对于保护资源和改善环境质量具有高度清醒的认识，并且通过自己在工作、生活中的实际行动予以响应和体现。

对于循环经济的社会需求，不仅体现在个人的消费行为中，而且表现在组织创新及制度创新方面。在德国有一个专门回收处理包装废弃物的非营利中介性组织——包装废物二元回收体系（DSD），它发挥着公共组织和营利性组织所没有的作用。它是于 1995 年由 95 家产品生产厂家、包装物生产厂家、商业企业，以及垃圾回收部门联合组成，目前已有会员近 2 万个，这个组织是按自愿原则将相关企业组成网络，将需要回收的包装物打上"绿点"标记，由 DSD 委托回收进行处理。这就是社会需求所激发出来的组织创新；这种新型组织反过来又推动了循环经济的发展。

三、技术进步推动机制

技术进步是建立和发展循环经济体系的关键。德国的经验也证明了循环经济能否发展，科技是先导、是支撑。德国的资源产出率和资源利用率之所以处于世界领先水平，其工业技术和装备水平在全球的领先地位是其基础。例如，在德国利用垃圾进行发电，从垃圾分选、干法生产沼气到沼气发电等各个环节，都必须依赖于一整套先进技术的支撑；在德国冶金生产中留下的矿渣通过技术处理有95% 都可以得到重新利用，一部分经处理后可以代替天然石料的建筑材料，另一部分作为生产水泥的矿渣利用，甚至一部分还作为化肥使用。德国在废水、废料、废气等的处理技术方面也均处于世界领先地位，再生能源和生物技术的实际应用具有良好的市场前景。

德国的循环经济是从垃圾开始的，对垃圾的回收、处理、再利用都离不开先进的技术。正是依靠先进的技术，德国的"垃圾经济"才成为各国发展循环经济的典范。同时，先进技术的广泛应用是使资源高效循环利用的前提和基础；如果没有先进技术的有力推动，德国的循环经济是很难获得如此成功的。

四、政府支持的促进机制

循环经济在德国的发展在很大程度上得益于其政府的大力倡导和支持，也就是说，政府在发展循环经济方面发挥了重要的促进作用。德国政府在发展循环经济上实施了一系列激励政策，主要包括融资帮助政府绿色采购、财政绿色补贴、环保专项基金支持、贴息贷款、增值税和所得税减免等措施，为循环经济的发展创造了良好的外部环境。例如，德国为了鼓励发展环保能源，于1990 年颁布实施《电力输送法》，明确规定电力运营商有义务、有偿接纳在其供电范围内生产出来的可再生能源电力。政府则给予电网运营商一定的财政补贴，偿付金额最少为其从终端用户所获得平均收益的 80%。2000 年，德国又颁布实施了《可再生能源优先法》，进一步强化了对可再生能源发电的鼓励政策。在政策的强力推动下，德国的风力发电从 1990 年开始起步，到 2003 年底装机容量已达 1460 万千瓦，发电量占全国总发电量的 5%，并已成为世界上最大的风力发电国。

循环经济的发展离不开技术的支撑，但对技术的投入不仅是长期的，也是高额的，单个企业是难以承担如此高昂的研发经费。德国循环经济发展之所以能够保持技术上的领先性，是与其政府对新技术研发的长期高投入分不开的。如以环保、能源、新材料、新技术为主要研究领域的研究机构卡斯鲁尔研究中心，每年的科研资金高达 2.7 亿欧元，这些资金全部来自联邦政府和州政府；如此规模和水平的研究机构在全德国共有多家。而垃圾发电项目能够在德国得到发展，除了技术的支持以外，也得益于政府对于垃圾处理的补贴和电网无条件高价收购的政策支持。

第三节　多元参与机制——借鉴德国经验，推进我国油气城市循环经济发展

一、建立激励机制，激发油气城市企业参与循环经济建设的积极性

企业是经济的主体，是国民经济的细胞；发展循环经济当然离不开企业的参与。但问题在于我国很多企业规模较小、设备落后、技术更新慢，经济实力较弱。而发展循环经济的基本条件是对企业的资金、设备、技术和管理具有较高的要求，因此仅仅依靠企业自身的力量往往难以承担发展循环经济的所有成本，从而使其失去参与循环经济建设的积极性。对此，我们面临的一项重要任务就是构建一套有利于循环经济发展的激励机制，也就是通过实实在在的利益诱导，使企业成为发展循环经济的自觉主体。发达国家的经验给我们提供了很好的启示：激励机制的核心在于：如果企业积极开展循环经济建设，那就可以获得实在的经济利益和良好的社会声誉，这种声誉还可以为企业带来长期的经济利益；如果企业不发展循环经济，不仅不能得到好处，还会受到政府的处罚和社会的谴责，这些

都将使企业遭受巨大的损失。主要办法是政府制定一系列科学、合理、可行的经济政策，引导企业自觉投入循环经济的建设过程之中。例如，调整投资政策，加大政府对循环经济事业的资金支持；制定税收优惠政策，对从事与循环经济相关业务的企业给予一定的税收优惠，使更多的利润留存企业；实施政府采购政策，各级政府优先采购属于循环经济的绿色产品，支持企业发展壮大；调整价格和收费政策，制定有利于循环经济的价格体系……通过这些完善、配套的政策体系的逐步施行，以充分激发起企业参与循环经济建设的积极性和主动性，确保循环经济健康发展。

二、广泛宣传动员，构造油气城市全社会参与循环经济的合力

发展循环经济是基于中国的人口、资源、环境的现实国情与可持续发展的需要所做出的唯一理性、正确的选择，关系到中华民族的生存与发展，涉及生产、流通、消费等各个经济环节，需要政府、企业、个人等全社会的共同参与。因此，必须开展广泛探入、持久的宣传和动员，让循环经济的理念深入人心，让节约资源、保护环境成为全社会的共识，并转化为自觉的行动。在此过程中，除了政府的大力倡导以外，还应动员社会各方面的力量开展宣传教育活动，尤其是利用义务教育、职业教育、高等教育等机构，向广大青少年传播循环经济思想、普及循环经济知识、强化循环经济意识，利用各种非政府、非营利组织向社会各阶层人员宣传循环经济的思想、原则、行为规范，以及方针政策，从而在全社会形成一种关心、支持、参与循环经济建设的气氛与合力，这样才有可能推进循环经济建设快速发展。

三、加快制度建设，发挥政府在油气城市循环经济中的推动作用

毋庸置疑，任何国家发展循环经济都离不开政府作用的发挥；差异在于政府作用的方式和程度。根据国际经验，结合我国国情，在推动循环经济发展过程中，政府主要应该从三个方面发挥作用：第一，进行循环经济制度建设，主要是开展循环经济立法和制定有利于循环经济发展的方针政策。我国的循环经济自1999 年由国家环保总局开始推动以来，先后出台了一些法律法规，并由官方确定了一些建设试点单位和地区，取得了一定的成绩；但与德国政府在循环经济中

发挥的作用比起来，我国政府还有许多工作没有完成。例如，在立法上，不仅要有纲领性的循环经济法，还需要根据行业性质的不同制定适用于不同行业的相关法律法规，以使整个法律体系更加完善。这就要求我们的政府将循环经济立法提上议事日程。除此以外，我国政府还需要从价格、收费、投资、税收等政策方面加大对循环经济的支持。第二，加大对循环经济技术研发的资金支持力度。在循环经济建设中，先进的技术起着重要的支撑作用。而技术的相对落后正是我们的薄弱环节，因此，政府须运用财政资金，加入对循环经济所需关键技术和共性技术的研究与开发，保证重点项目和重要行业率先发展循环经济，以此带动其他相关产业逐步发展。只有相应的技术发展起来后，我国循环经济才能跨上新的台阶。第三，政府约束自身行为，带头示范，积极开展节约型政府建设，促进资源的节约利用和循环利用。

四、进行组织创新，发挥中介组织对油气城市循环经济的促进作用

国外经验表明，发展循环经济不能仅仅依靠政府和企业，还必须充分发挥各类中介组织的作用。德国的废弃物双元回收体系（DSD）就是一个很好的例证。民间中介组织在动员社会力量、构建监督体系、形成社会氛围等方面具有一定的比较优势，有时甚至能够起到政府不能起到的作用。从总体上看，我国的民间中介组织发展缓慢，形式也比较单一，在社会活动中的参与度和影响力还很有限。但这并不影响中介组织本身在循环经济建设中所具有的功能作用。因此，必须制定相应的规章制度，鼓励民间环保组织、技术协会、慈善机构等以多种方式参与循环经济建设，共同推进循环经济在社会各领域、各层面、各环节健康发展。

第六章 油气资源型城市循环经济系统框架构建

第一节 构建原则

　　油气资源型城市是指以提供我国石油天然气能源物资的主体、以油气开采业为支柱产业的城市，它是中国资源型城市的重要组成部分，为我国经济和社会的发展做出了重大贡献，同时也使这些城市形成了以油气资源开采业为主的产业结构。进入 21 世纪，人类追求一个社会、经济、自然协调发展，物质、能量、信息高效利用，生态良性循环的聚居环境。因此，加强油气资源型城市建设，完善油气资源型城市功能，美化城市环境，不断改善人类生存和居住条件，促进油气资源型城市的可持续发展显得尤为重要。因而构建油气资源型城市循环经济系统，就成为推进油气城市可持续发展的必然选择。

　　构建油气资源型城市循环经济系统，应坚持以下基本原则：

　　（1）系统化原则。从系统论的角度看，这个系统应是一个结构合理、功能稳定、能够达到动态平衡的社会、经济和自然的复合系统。它应该具备良好的生产、生活和净化功能，具备自组织、自调节、自抑制等功能，以保证城市的持续、稳定、健康发展。

　　（2）绿色化原则。不仅要求生产的"绿色化"，而且更要求人类的"绿色化"，即教育、科技、文化、道德、法律、制度等的全面"绿色化"，形成资源节约型、环境友好型的社会生产和消费体系，建立自觉保护环境、促进人类自身发展的机制，以及公平、安全、舒适的社会环境。

（3）价值观原则。构建本循环经济系统，客观要求实现人与人、人与自然的和谐，强调人是自然界的一部分，人必须在人—自然系统整体协调、和谐的基础上实现自身的发展，任何一方的局部价值均不能大于人—自然统一体的整体价值，这是城市循环经济系统价值取向所在。

（4）经济性原则。从经济学的角度看，这个系统既要保证经济持续增长以满足居民的基本要求，更要保证经济增长的质量，实现高质量发展。该系统要求要有与3R原则相适应的合理的产业结构、能源结构和生产布局，采用既有利于维持自然资源存量，又有利于创造社会文化价值的绿色技术来建立城市的绿色产业系统，实现物质生产和社会生产的生态化，保证城市经济系统的高效运行和良性循环。

（5）可操作原则和适用性原则。前者强调油气资源型城市循环经济系统构建中，一定要注意可执行、可实施；后者强调具体构建时，应该考虑实际情况，从实际出发或者说应该考虑因城而异。

第二节　框架内涵

在借鉴前人研究成果的基础上，可将油气资源型城市循环经济系统定义为：以实现经济、环境和社会效益协调发展为目标，以协调人与自然的关系为准则，在油气资源型城市内模拟自然生态系统运行方式和规律，通过人力、资源、经济、技术、管理、环境等内部子系统，与外部环境的相互作用、相互影响、相互制约而达到生产、生活等活动生态化的开放系统。它并不是要求各个系统同时最优化，而是在一定约束条件下有一定匹配关系的整体最优。

事实上，油气资源型城市循环经济系统的概念具有丰富的内涵，主要体现在：油气资源型城市循环经济系统是一个综合的概念，人口、资源、环境、经济、社会与科学技术是系统构成的基本要素或者维度，它们之间相互联系、相互制约，共同组成了一个复合系统，如图6-1所示。

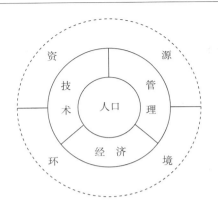

图 6 – 1　油气资源型城市循环经济系统框架内容

在油气资源型城市循环经济系统中，要实现系统的持续发展，必须建立在经济与环境之间高效、社会与环境之间有序、经济与社会之间公平的基础上。也就是说，要保持经济与环境之间的平衡，须建立生态效率机制，以最小的环境投入获取最大的经济效率；要保持社会与环境之间的平衡，必须充分认识环境的稀有性，建立社会各成员有序地对环境与资源的平等拥有性；要保持经济与社会之间的公平，必须保证社会成员公平地享有和承担经济发展所带来的成效及风险。然而，建立各类平衡关系都需要有人的管理和技术的支撑，人类之间的相互作用以及他们所必须遵守的规则，是油气资源型城市循环经济系统中的核心部分。当系统结构合理、子系统间相互协调时，系统总体效益大于各部分在孤立状态下效益的简单相加和；当系统结构组合不好、子系统间不协调时，系统总体效益只是各部分单一效益的简单加和；当系统结构混乱，各部分非但不协调且各自为政使系统产生内耗时，系统的总体效益将小于各部分效益的总和，若任其发展，最终会导致系统的崩溃。因此，人口、资源、环境、经济、社会与科学技术构成了系统运行的基本要素，而系统持续发展取决于六要素之间所建立的协调关系。

在系统内，资源和环境是基础。系统的发展需要综合利用各种资源，但对资源的不合理开发利用会使资源基础削弱，使资源成为系统发展的制约因素；环境是系统赖以生存的基础，它既为系统提供资源和容纳废弃物，又为系统中人的活动提供空间和载体，系统发展要与环境的承载力相协调；经济发展不仅要重视增长数量，更要追求改善质量、提高效益、节约能源、减少废物，改变传统的生产和消费模式，实施清洁生产和文明消费；社会则强调系统发展要以改善和提高生活质量为目的，与社会进步相适应。

第三节　框架分析

油气资源型城市循环经济系统就是模仿自然生态系统来研究城市的发展，它全面体现了可持续发展战略的区域形态，可持续发展是油气资源型城市循环经济系统的重要标志，也是其最终目标。油气资源型城市中的绿色产业系统、基础设施系统、技术支撑系统和社会保障系统构成了其循环经济系统，如图6-2所示。

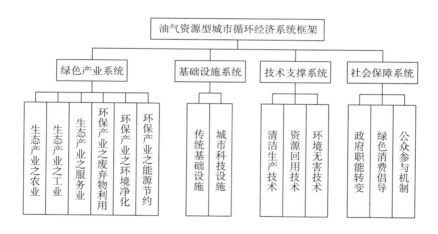

图6-2　油气资源型城市循环经济系统框架

一、绿色产业系统

绿色产业是指对自然生态环境不产生或很少产生危害的产业，包括生态产业和环保产业。生态产业包括生态农业、生态工业和生态服务业，环保产业包括废弃物利用、环境净化和能源节约等产业。

生态农业是指在环境与经济协调发展思想的指导下，按照农业生态系统内物种共生、物质循环、能量梯级利用的生态学原理，因地制宜，通过合理规划和利用现代科学技术与传统农业技术相结合，充分发挥地区资源优势，依据经济发展水平及"整体、协调、循环、再生"原则，合理组织农业生产，实现农业高产、优质、高效、持续发展，达到生态和经济两个子系统的良性循环和自然、经济和社会"三个效益"的统一，从而保持和改善生态平衡和生态系统自调节能力，提高系统的可持续发展能力的农业生态系统。该系统要求尽可能提高太阳能和其他资源利用率，减少燃料、肥料、饲料及其他原材料投入，促进物质在系统内部的多次循环利用，以最小的生态环境影响、低输入与高产出，获得环境效益、经济效益和社会效益统一的综合效果。生态农业是循环经济的基础。发展生态农业，务必坚持循环利用、合理配置、系统调控三项基本原则。目前，比较成熟的生态农业园模式有如下四种：种植养殖和沼气池配套组合的生态农业园，动植物共育和混养的生态农业园，以鱼塘为中心、周边种植花卉、蔬菜、水果的生态农业园，以山林为基地、种养结合的生态农业园等，这四种模式彼此相对独立，又通过各种渠道向外延伸，同整个社会经济紧密连接，构成更大的循环圈。

生态工业是为了达到工业系统的低消耗、低污染、低废物、高效率，持续发展的目标，以可持续发展原则为核心，以工业生态学为理论基础，应用现代科学技术对工业发展模式和结构进行改造，建立和发展起来的一种多层次、多结构、多功能的，实现资源循环、集约经营管理的，与生态环境的结构和功能相结合、相协调的，生态化、高效的综合工业体系。生态工业是工业发展的较高境界，在可持续发展的时代，具有传统工业发展模式无可比拟的优势。与传统工业相比，具有其突出的高效化、集约化、生态化和清洁化特征。生态工业是城市循环经济系统的重要组成部分，因此，生态工业不仅要遵循循环经济的基本原则，也应坚持因地制宜的系统和整体观点，与区域社会、经济、环境资源状况相适应。目前，生态工业发展形式有如下三种：工业系统的生态化，产业共生群落（包括生态产业园区）的形成，单个企业的生态化、绿色化和清洁生产。

所谓"生态服务业"也可称为"生态第二产业"，也就是指第二产业的生态化。服务业主要是直接向居民提供服务的，因此往往接近或穿插于油气资源型城市的居民区，与市民的生活具有直接的关系并构成直接的影响。因此，要想建立完善的油气资源型城市循环经济系统，服务业必须实现生态化。生态服务业是油气资源型城市循环经济系统的重要组成部分，它的发展将有力地支持生态农业、生态工业的有效运行。根据服务业的特点和行业的特殊性，生态服务业的发展原则包括生态化的原则、协调的原则、统筹的原则、服务的原则等。目前，生态服务业的发展分为两个层次：一方面是产业、行业内部的清洁生产及生态化运作；另一方面是要为发展生态农业和生态工业以及建设油气资源型城市循环经济系统服务。这里的关键环节是三个：建立清洁交通运输系统、加强循环经济的科技开发和服务、加快发展绿色商业服务。

对于废弃物的管理，一般应采用减量化、再利用、再循环、无害化处理的四步原则，这四步原则的优先级为：减量化、再利用、再循环、无害化处理。在减少废弃物产生的基础上，提高废弃物的再利用、循环利用率，对最终实在不能回收利用的进行清洁化、无害化处理。关于废弃物循环利用问题，主要涉及农业废弃物循环利用、工业废物综合利用、废钢回收利用、城市生活垃圾的循环利用、城市污水循环利用五个方面。农业废弃物循环利用的重点是沼气利用、秸秆利用。工业废物综合利用主要包括大型固体废弃物的处理装备的开发与应用、共伴生矿产资源综合利用、工业"三废"的深层次利用等。以油气生产使用过的废弃泥浆综合利用为例，传统的处理办法是做固化处理后再填埋。事实上，经过特殊的化学和物理方法处理，这些废弃泥浆可以在固化后制成建筑材料，如砖、铺路材料等。这种处理不仅减少建筑对黏土等资源的使用量，而且还将污染治理成本转化为生产成本，实现了资源的再利用。关于油气资源型城市生活垃圾的循环利用问题，首先，采取一切必要措施，在产品设计、制造和消费过程中尽可能节约和循环利用资源，避免垃圾产生，使油气资源型城市生活垃圾达到减量化；其次，无法避免产生的垃圾可直接使用旧货可回收再利用，其余部分分类加以循环利用，最大限度地转化为二次资源，实现资源再生；最后，在经济上确实无利用价值的垃圾，做无害化最终处理。以此做到油气资源型城市生活垃圾的减量化、资源化、无害化，逐步建立起兼顾经济、社会、环境三大效益的油气资源型城市循环经济系统。

二、技术支撑系统

传统线性经济系统是在旧的技术平台下，以产品为媒介追求利润的最大化，是建立在交换价值之上的生产经济；而循环经济系统是在绿色技术平台上的以对社会的服务功能为经营目标的，建立在使用价值上的功能经济。功能经济的生产目的是谋求产品的服务功能、整体效益最大，社会最满意，而非产品数量最多。在绿色技术平台上的技术集成更好地增进了循环经济系统的物质集成、能量集成和信息集成。

发展油气资源型城市循环经济，技术支撑系统非常关键。循环经济的减量化、再利用和资源化，每一个原则的落实都离不开先进的处理和转化技术，也离不开先进的科技载体。与其相关的技术主要有企业、产业园区、油气资源型城市三个层面的多种技术，包括清洁生产技术、资源回收利用技术和环境无害化技术。然而油气资源型城市循环经济系统的要求，就是要建设循环经济的技术体系。也就是说，要使这三个方面的技术相辅相成，实现产业结构的循环化。

三、基础设施系统

基础设施是指既为油气资源型城市物质生产又为油气资源型城市人民生活提供一般条件的公共设施，是油气资源型城市赖以生存和发展的基础。基础设施作为油气资源型城市社会经济活动的空间物质载体，是油气资源型城市循环经济发展的物质基础和要素之一，它不仅反映一个油气资源型城市的综合实力和竞争力，还反映出油气资源型城市居民的生活质量和社会福利水平。随着油气资源型城市化进程的加快，油气资源型城市基础设施对油气资源型城市系统运行的促进和保障作用日益突出，已成为油气资源型城市循环经济系统的一个重要组成部分。油气资源型城市基础设施的设计、工艺、用材等都要尽可能体现循环经济的思路，尽可能用太阳能、天然气等自然清洁能源，尽可能使用有利于提高各种设施性能的新技术、新材料，以减少能源、资源消耗，减少对环境的人为破坏和污染。针对油气资源型城市水资源极为短缺的窘况，要考虑建设油气资源型城市的"中水道"，或对现有的公共设施进行改造，以提高水的利用率。

传统的油气资源型城市设施包括城市基础设施和公共服务设施两个方面，但在知识经济时代"知识"是最主要的生产要素，它是科技、人才、信息及资金等系列"软"性因子的综合体。油气资源型城市要想可持续发展，在未来激烈的竞争中获胜，就需建设配套完整的科技设施。油气资源型城市科技设施主要包括科研设施、科技活动设施、科技产业化保障设施等。此外，科技教育设施和科技人才生活设施也应进一步加强。

四、社会保障系统

社会保障系统是油气资源型城市中人类及其自身活动所形成的非物质生产的组合，涉及人及其相互关系、意识形态和上层建筑等领域，包括人口、文化、艺术、道德、宗教、法律、政治及人的精神状况等。这里的社会保障系统的关键环节是三个：

（一）转变政府职能

转变政府职能主要包括建立生态法规政策体系及生态建设运行机制，加强可持续发展动态监控，建立综合决策支持信息系统，提升政府综合决策与评价能力；建立起具有现代化管理素质的各级组织机构，加强部门之间的横向耦合、上下级之间的纵向联系，促进油气资源型城市系统内外各类资源的合理运用和社会经济协调发展；建立各种管理规章制度及管理程序，规范企业和个人的行为，均衡调节各种社会关系及各集团利益，加强政府同企业、公众之间的联系与沟通；建立政府与企业、政府与公众之间的一种和谐的关系。

（二）提倡绿色消费

从其宗旨上讲，绿色消费具有两个含义：一是消费行为要有利于人类自身的健康，二是消费行为要有利于生态环境的平衡与保护；从其内容来看，绿色消费是节约型的、适度的消费，要避免由于非经济因素造成的多余消费；从其特征上讲，绿色消费是科学的、文明的消费，讲求消费的合理性，追求消费后果要有益身心健康。从其载体来看，绿色消费行为更多地发生在油气资源型城市里，它对产业的影响也主要是对油气资源型城市中的产业影响；从其实质来讲，绿色消费是一种新的生活方式，是一种符合生态平衡和自然保护原则的可持续发展的生活方式。因此，作为追求自然环境优美和人文环境和谐的油气资源型城市循环经济系统建设，应当通过提倡绿色消费，逐步建立生态化的生活方式。

（三）建立有效的公众参与机制

与可持续发展一样，没有公众的广泛参与，循环经济的发展是很困难的。只有当循环经济的价值观被公众普遍认同和接受，从而内化为公众的价值观，使公众能够自觉地参与建设油气资源型城市循环经济系统，循环经济才能最终实现。公众的可持续发展意识决定着公众在油气资源型城市循环经济系统建设中的参与程度，而要争取公众广泛参与循环经济发展，除了加强舆论宣传外，还需建立适宜的公众参与机制。

第七章 油气资源型城市循环
经济发展评价体系

第一节 评价意义原则

文献检索发现：现有的资源型城市循环经济建设指标体系大多数是按照要素和指标两级结构组织起来的，对每个指标提出一个相对先进的参考标准和目标，指标值的变化体现了循环经济建设的进展，对城市循环经济建设具有一定的指导意义。但是这些指标体系大多数是通过单个指标值的变化来定性判断某个方面改进的程度或者是否达标，不能识别出各指标的重要性和各指标对循环经济建设所起的作用，也不能定量地描述改进程度，基本上还是一种单因子评价的累积，没有体现出循环经济建设的系统性和关联性，不利于资源型城市循环经济建设的实施。最关键的是，循环经济评价指标体系未从根本上和可持续发展指标体系有所区别，没有体现出来循环经济本身固有的特征和本质。

为了科学、客观、及时、准确掌握油气资源型城市循环经济运行状况、发展态势及存在问题，加快推进油气城市循环经济的发展进程，确保油气资源型城市循环经济系统始终运行在良性轨道上，因而，研究油气城市循环经济测量体系与评价方法具有十分重要的现实意义和理论价值。事实上，对循环经济系统的评价是循环经济从概念、理论进入实践的一个重要环节，对于油气资源型城市而言，判断其循环经济系统发展的状况尤为重要，这既是对当前经济增长与环境保护的

·112·

概括性总结，也是今后城市经济和资源、环境、社会规划发展的前提基础和管控起点。因此，油气资源型城市循环经济发展评价是油气资源型城市循环经济研究的重要问题，是城市综合决策中不可或缺的一部分。

油气资源型城市循环经济的评价原则，主要有两个基本原则：一是科学，二是客观。前者是整个评价活动质量的根本保障，后者是整个评价活动质量的可靠支撑。离开了这两个根本原则，整个评价活动的质量和效果不免要打折扣。

第二节　评价体系建立

一、构建原则

油气资源型城市循环经济科学、高效、持续的发展，离不开一套行之有效的评价体系。科学合理的指标体系是油气资源型城市循环经济发展评价准确可靠的基础和保证，也是正确引导城市发展方向的重要手段。因此，构建指标体系必须遵循一定原则。

（一）系统科学性原则

指标应客观地表述油气资源型城市循环经济发展的客观规律与实际状态。指标体系必须能够全面反映油气资源型城市循环经济发展的各个方面，并使评价目标和评价指标有机联系起来，形成一个层次分明的整体。指标选取应符合统计规范，数据来源稳定。

（二）动态引导性原则

油气资源型城市发展循环经济，既是一个目标，又是一个过程。因此，评价指标体系应充分反映油气资源型城市循环经系统动态变化的特点，体现出系统的发展趋势，应具有描述、监测、预警和评估功能，以引导油气资源型城市沿着预定的目标顺利发展。

（三）全面代表性原则

指标体系应综合地反映影响油气资源型城市发展循环经济的各个方面，从不同角度反映油气资源型城市在经济、社会、生态环境等方面的主要特征和状况。

同时，指标的选取应强调代表性、典型性，使指标体系权威性高、通用性强、简洁易用。

（四）可区分性原则

每一因素必须具有其他因素不可替代的特性。如果某一因素不能分化出来，或虽分化出来但独立性很差，与其他指标没有区分，那它就不能作为测量指标。对区分度低的指标的剔除可采取相关分析的方法来实现，避免选择意义相近，甚至重复的指标。

（五）重要性原则

指标体系的设计应选择那些能反映油气资源型城市发展的重要方面，而非所有方面，此为其一。其二，当收集某项指标的成本费用很大时，如果该项指标确实很重要，则仍进行该项指标的收集评价工作，否则，就应舍去。

（六）层次性原则

油气资源型城市发展系统包括资源、产业、环境、技术、社会等系统，每个系统又可以用众多的指标进行标度。因此，指标体系的设置也应具有层次性。

（七）可比较性原则

所设计的指标体系应具有可比性。不仅能对油气资源型城市所处的不同时期进行纵向比较，而且能对不同的油气资源型城市之间进行横向比较。

（八）可操作性原则

可操作性原则即指标项目的易懂性和指标项目有关数据收集的可行性，以便于进行统计、审计和监督。离开了可操作性，再科学、合理、系统、全面的评价指标体系也是枉然。

（九）适用性和综合性原则

适用性原则指指标体系的建立，应努力追求实现标准统一，使指标体系权威性高、通用性强、可靠实用。综合性原则指指标体系应综合地表述资源、经济、社会和环境各要素可持续发展的关联性。

（十）相对稳定性和可修正性原则

由于指标体系是在充分考虑了新环境和影响油气资源型城市循环经济发展的主要因素后形成的，因此，在相当一段时间内应具有相对的稳定性。这有利于指标体系的完善和发展。当然，由于油气资源型城市的具体情况不同，因而在设计指标体系时应考虑其适应性，按照弹性原则，留有可修正的余地。

二、体系确立

根据循环经济的概念、研究动态及 3R 原则，遵从循环经济指标体系设计的基本理论，并结合油气资源型城市自身特点，将油气资源型城市循环经济评价指标体系分为目标层、准则层、指标层三个层面。其中目标层代表油气资源型城市循环经济发展的总体水平。准则层分为四个板块，分别是经济系统指标板块、资源系统指标板块、环境系统指标板块、社会系统指标板块。指标层共有 34 个指标，最终的评价指标体系，见表 7 – 1。

表 7 – 1　油气资源型城市循环经济评价指标体系

目标层	准则层	指标层	单位
油气资源型城市循环经济评价指标体系	经济系统指标（共 6 个指标）	人均 GDP	元/人·年
		经济发达地区	元/人
		经济不发达地区	元/人
		油气化工产业占 GDP 比重	%
		环保投资占 GDP 比重	%
		第三产业占 GDP 比重	%
	资源系统指标（共 15 个指标）	单位 GDP 能耗	吨标准煤/万元
		单位工业增加值能耗	吨标准煤/万元
		单位油气产量综合能耗	千克标准煤/吨
		单位 GDP 水耗	立方米/万元
		单位工业增加值新鲜水耗	立方米/万元
		油气行业单位产品水耗	立方米/万元
		农业灌溉水有效利用系数	—
		工业固体废物处置量	吨
		工业固体废物处置利用率	%
		工业用水重复利用率	%
		废钢铁回收利用率	%
		废有色金属回收利用率	%
		废纸回收利用率	%
		废塑料回收利用率	%
		废橡胶回收利用率	%

续表

目标层	准则层	指标层	单位
油气资源型城市循环经济评价指标体系	环境系统指标 （共 9 个指标）	工业废水排放量	立方米
		城市污水集中处理率	%
		城市生活垃圾无害化处理率	%
		二氧化硫排放总量	吨
		二氧化硫排放强度	千克/万元
		人均年二氧化碳排放量	吨/人·年
		化学需氧量（COD）	千克/万元
		森林覆盖率	%
		城镇人均公共绿地面积	平方米/人
	社会系统指标 （共 4 个指标）	城市化水平	%
		公众对环境的满意率	%
		循环经济宣传教育普及率	%
		基尼系数	—

注：

（1）关于该评价指标体系的指标的含义和计算公式参见《生态县、生态市、生态省建设指标（修订稿）》（2007 年）、《生态县、生态市、生态省建设指标（试行）》（2003 年）。关于油气行业单位产品能耗、油气行业单位产品水耗参照单位工业增加值能耗、单位工业增加值水耗的解释。

（2）该指标体系是参考了众多成果和依照因地制宜、3R 等原则基础上制定的，该指标体系与国家制定的区域指标体系有较大区别，在于控制层分类不同，该评价体系是建立在相对广义的循环经济概念之上的，而不仅仅只针对原始严格意义上的"3R"原则。

（3）原本每个具体指标都是可以给出其标准值的，而标准值的确定是参看了相关国家标准或国际标准的，但此处省略，会在下一章涉及。

上述油气资源型城市评价体系可分为经济系统指标、资源系统指标、环境系统指标、社会系统指标四个板块，依据循环经济的内涵，该评价应该侧重资源与环境的指标，故此在所有 34 个指标中，资源与环境指标共占有 24 个（约占 71%）。同时在进行评价比重计算时，资源与环境的指标也占相当的比重。

第三节 评价方法选择

一、指标权重

指标权重是对每个指标在整个指标体系中的相对重要性的数量表示。权重确定合理与否对综合评价结果和评价质量将产生决定性影响，因此，确定各指标的权重是进行综合评价的基础。通常，指标权重的确定方法如下。

（一）主观赋权法

指标体系选定后，测评人员可以根据自己的知识、经验或参考有关专家的意见，直接、主观地赋予各项指标的权重。但这种主观确定并非随意设计的，一般有其客观基础。

（二）客观赋权法

客观赋权法是根据调查问卷所得的数据通过相互比较后再赋予权重，包括：

1. 直接比较法

首先确定"最小重要度指标"，然后确定其他指标的比较倍数，确定各指标的权重。

2. 对偶比较法

将要比较的指标配对后，针对配对指标的某一特征进行比较按以下方式赋值再确定其权重。若 A 与 B 为配对指标，当：

（1）当 A 与 B 比较时，A 非常重要，B 不重要，则 A = 4，B = 0；

（2）当 A 与 B 比较时，A 重要，B 比较重要，则 A = 3，B = 1；

（3）当 A 与 B 一样重要，则 A = 2，B = 2。

（三）德尔菲法

德尔菲（Delphi）法又称作专家法，其特点是集中专家的经验与意见，确定各指标的权重，其步骤如下：

（1）一般情况下选择专家，应选择本专业领域中既有实际工作经验又有较深理论修养的专家 10 ~ 30 人，并需征得专家本人的同意。

（2）确定权重的若干测评指标和有关资料，以及统一的确定权重的规则发给选定的各位专家，请他们独立地给出指标的权重值。

（3）回收结果并计算各指标权重的均值与标准差。

（4）将计算的结果及补充资料返还给各位专家，要求其重新分析确定权重。

（5）重复上述第（3）步、第（4）步，直至各指标权重与其均值的标准差不超过预先给定的标准差为止，也就是各专家的意见基本趋于一致，以此时各指标权重的均值作为该指标的权重。

此外，为了使判断更为准确，让评价者了解已经确定的权数可靠程度，还可以运用"带有信任度的德尔菲法"，该方法需在上述第（5）步每位专家给出最后权数值的同时，标出各自所给权数值的信任度，并求出平均信任度，这样，如果其一指标权重的信任度较高时，就可以有较大的把握使用它；反之，只能暂时使用或设法改进。

（四）层次分析法 AHP

层次分析法是运用美国著名运筹学专家塞迪给出的 1~9 标准法，它根据各测评指标的相对重要性来确定权重。层次分析法可以通过测评指标两两比较，使复杂的无序的定性问题能够进行量比处理。具体方法如下：

（1）依据总目标建立递阶层次结构，把测评所涉及的因素划分为目标层、准则层、指标层。

（2）用比较标度法构造各层次的比较判断矩阵：

$$A = (a_{ij})_{n \times n}$$

A 中各元素 a_{ij} 以 1~9 标度法取值，见表 7-2。

表 7-2 判断矩阵标度及其含义

因素 i 比 j	同样重要	稍微重要	明显重要	确实重要	绝对重要
标度，即 a_{ij}	1	3	5	7	9
备注	①a_{ij}=2，4，6，8时，两因素相对重要性处于上述各种情况之间 ②a_{ij}>0，a_{ij}=1/a_{ji}，a_{ii}=1				

（3）判断 $A = (a_{ij})_{n \times n}$ 的最大特征值，最大特征向量的计算方法及一致性检验方法如下（为了便于计算，在没有显著性差异的情况下，我们可以用层次分析近似求解的方法求得权重）：

1）计算判断矩阵每一行元素的乘积 M_i，即

$$M_i = \prod_{j=1}^{n} a_{ij} \quad i,j = 1,2,\cdots,n$$

2）计算 M_i 的 n 次方根 $\overline{W_i}$，即 $\overline{W_i} = \sqrt[n]{M_i} \quad i = 1,2,\cdots,n$

3）将向量 $\overline{W} = (\overline{W_1}, \overline{W_2}, \cdots, \overline{W_n})^T$ 正规化，即

$$W_i = \frac{\overline{W_i}}{\sum_{i=1}^{n} \overline{W_i}} \quad i = 1,2,\cdots,n$$

则向量 $W = (W_1, W_2, \cdots, W_n)^T$ 就是解求的特征向量。

4）计算判断矩阵的最大特征根 λ_{max}，即

$$\lambda_{max} = \frac{1}{n} \sum_{i=1}^{n} \frac{\sum_{j=1}^{n} a_{ij} \cdot W_j}{W_i}$$

5）一致性检验。

偏差一致性指标 $CI = \dfrac{\lambda_{max} - n}{n - 1}$

平均随机一致性指标 RI 如表 7 - 3 所示。

表 7 - 3 平均随机一致性指标

n	1	2	3	4	5	6	7	8	9
RI	0	0	0.58	0.94	1.12	1.24	1.32	1.41	1.45

随机一致性比平 $CR = CI/RI$

当 $CR < 0.1$ 时，可以认为判断矩阵具有满意的一致性，确保所得权重的有效性。否则，应重新调整判断矩阵的元素，直至具有满意的一致性为止。当一致性好时，与 λ_{max} 对应的特征向量的分量，就可作为所求的权重值。

（4）权重的折算（确定指标层对目标的权重）。若准则层对目标 A 的权重为 a_1，a_2，$\cdots$，a_n，准则层要素为 B_1，B_2，$\cdots$，B_n，指标层要素为 C_1，C_2，$\cdots$，

C_m，指标层对准则层的权重为 b_{ij}。

为了计算指标层各要素对目标的权重，可以构造判断矩阵，见表 7 - 4。

表 7 - 4　指标层对目标层的权重（ω_m）

C \ B	B_1 a_1	B_2 a_2	...	B_n a_n	ω
C_1	b_{11}	b_{12}	...	b_{1n}	$\sum\limits_{j=1}^{n} b_{1j} \cdot a_j$
C_2	b_{21}	b_{22}	...	b_{2n}	$\sum\limits_{j=1}^{n} b_{2j} \cdot a_j$
⋮	⋮	⋮	⋮	⋮	⋮
C_m	b_{m1}	b_{m2}	...	b_{mn}	$\sum\limits_{j=1}^{n} b_{mj} \cdot a_j$

$$\omega_1 = \sum_{j=1}^{n} b_{1j} a_j, \omega_2 = \sum_{j=1}^{n} b_{2j} a_j, \cdots, \omega_m = \sum_{j=1}^{n} b_{mj} a_j$$

同时，为了便于计算，在没有显著性差异的情况下，我们可以用层次分析法近似求解的方法求得权重，具体步骤略。

二、指标量化

（一）定量指标属性值的量化

由于指标属性值间具有不可公度性，没有统一的度量标准，不便于分析和比较各指标。因此，在进行综合评价前，应先将评价指标的属性值进行统一量化。各指标属性值量化的方法，随评价指标的类型不同而不同，一般分为效益型、成本型和适中型。在综合评价模型中，可建立各类指标量化时所选择的隶属函数库。量化后的指标具备了可比性，为综合评价创造了必要条件。

（二）定性指标属性值的量化

在评价指标体系中有些指标难以定量描述，只能进行定性的估计和判断。对此可采取专家评议的方法来进行处理。具体处理方式视评价方法而定。例如，在模糊评价方法中，评价者先将定性指标分为若干等级，然后组织专家根据各自专业经验对这些指标进行评价，收回评价表后，统计出各指标的每个评价等级被评价次数与评价专家数的比率即为各定性指标相应的量化模糊隶属度。

三、方法选择

根据上述评价体系可知，循环经济具有多指标、多层次、动态、信息不完备、人为因素多等特点，对其进行客观科学的综合评价有一定难度，必须选择合适的评价方法。

对于指标体系的评价方法较多，如传统的层次分析法、模糊综合评价法，以及目前随着信息技术的应用而采用的人工神经网络分析法和支持向量机分析法。四种方法的使用可根据情况进行选择，层次分析法是基于专家评判的定性与定量相结合的方法，能够充分吸收专家意见。人工神经网络分析法和支持向量机分析法是通过对样本训练，使得到的权重不断优化，减少人为因素的影响。

考虑到实际可操作性，根据油气资源型城市的具体特点，采用层次分析法AHP与模糊综合评价相结合的方法对油气资源型城市循环经济状况进行评价。当然，可以根据具体需要选择一种方法进行评价，也可将其中几种方法组合起来进行综合评价，以使评价结果更加科学可信。至于这些评价法的基本原理与计算方法，可参考书籍，这里略。

第四节　评价标准流程

一、评价标准

在制定评价标准值时，一般应主要参考以下原则：

（1）尽量采用这样的一类规定标准值，如已有国家标准的或国际标准的指标值或者国际上通用的衡量指标值。

（2）参考或类比国内外具有良好特色的城市或区域的生态现状值作为标准值。

（3）参考国内城市与区域有关工作的指标值，如以国家环境保护模范城市验收标准、新疆现代化指标体系等类推确定标准值。

（4）依据现有的环境与社会、经济协调发展等理论力求定量化。

（5）尽量与我国现有的相关政策研究的目标值相一致，或优于其目标值如《中国 21 世纪议程》及《中国 21 世纪议程——黑龙江省行动纲要》等。

（6）对那些目前统计数据不十分完整但在指标体系中又十分重要的指标，在缺乏有关指标统计数据前，采用专家咨询确定。

二、评价流程

评价流程，一般应包括：

（1）领导主动参与；

（2）评价前期准备；

（3）精心组织评价；

（4）正确把握评价原则；

（5）科学运用评价方法；

（6）选择合格评价人员；

（7）精心设计评价问卷；

（8）严格监控评价过程；

（9）广泛动员参与评价（含借助外脑，可与权威评价机构适当合作等）；

（10）评价结果反馈改进。

第五节　案例实证分析

一、濮阳市循环经济评价体系的建立

（一）濮阳市循环经济发展概况

濮阳市是中原油田及国家中原经济开发区的腹地，是典型的油气资源型城市，同时也是环北京经济圈城市之一。按照 2009 年人口统计数据，濮阳市总人口为 365.17 万人，其中，农业人口为 300.31 万人，非农业人口为 64.83 万人，男女比例大致为 102：100。

近些年来，濮阳市经济整体得到稳步提升，工业化程度不断提高，产业结构也逐渐趋于合理化，这与当地政府实施产业转型的发展策略密切相关。以 2010 年为例，濮阳市 GDP 是"十五"末的 2.02 倍，年均增长 12%；人均 GDP 突破 2 万元大关，是"十五"末的 1.95 倍；财政一般预算收入 30.2 亿元，是"十五"末的 2.2 倍，年均增长 14.5%。由此可见，无论是 GDP 指标还是政府财政指标，都取得了可喜的成绩。三大产业结构比例也出现了一定程度的改善，如 2005 年比例为 16.3∶62.7∶21，而 2010 年比例为 13.9∶66.5∶19.6。2010 年全部工业增加值完成 476.4 亿元，是"十五"末的 2.2 倍，年均增长 17%，占生产总值的比重由 2005 年的 55.7% 提高到 62.7%，对经济增长的贡献率达到 71.8%；中原大化 50 万吨甲醇、龙丰纸业一期工程、龙宇化工 20 万吨甲醇、国电 2×20 万千瓦发电机组、武汉力诺 40 万台太阳能热水器、林氏化学 5 万吨聚异戊二烯乳液等一批重大项目相继建成投产，成为濮阳经济发展的强大支撑。农业基础进一步巩固，2010 年全市粮食总产量达到 251 万吨，比 2005 年增加 48.6 万吨，实现连续 7 年增产；经济作物面积发展到 202 万亩；畜牧业总产值达 70 亿元，占农业总产值的 38.5%；速生丰产林发展到 150 万亩，林下经济稳定在 15.3 万亩；各类农业产业化经营组织达到 1353 个，农业产业化龙头企业达到 502 家。同时，服务业也得到了迅速发展，2010 年服务业完成增加值大约 150 亿元，是"十五"末的 1.86 倍，年均增长 13.3%；社会消费品零售总额 230.7 亿元，是"十五"末的 2.3 倍，年均增长 18.1%，消费对经济增长的贡献率达到 36%。

濮阳市取得的成绩是可喜的，但是在其发展过程中也出现了很多亟待解决的问题和矛盾。如随着本地油气产业规模的逐渐缩小，濮阳市与油气相关技术工人出现过剩情况，而这些人大多已经在当地生活了若干年，往往拖家带口，不适宜去外地工作，而现实状况又使他们没有别的工作可以替代，所以生活压力逐渐变大；再如随着城市发展，城市环境污染问题越来越严重，虽然当地相关部门也制定了一系列的相关政策与管理规范，但还是在一定程度上难以制止环境污染的问题等。总之，随着城市的发展，越来越多的社会、环境及经济问题不断出现，这也为当地政府的管理带来了诸多新的挑战。

近些年来，濮阳市政府高度重视循环经济发展。濮阳市委市政府要求濮阳市自上而下要把促进循环经济又好又快发展作为城市发展的大事来抓，还要求市各级单位要深刻理解循环经济的内涵与特点，并将循环经济的理念贯穿到整个经济工作中去。与此同时,濮阳市制定了一系列相关政策,分别针对工业、农业研究和推广其废弃物综合利用技术,同时促进循环产业链条发展,以资源最大化、投入最小化来贯穿经济建设全过程,使濮阳市循环经济的发展取得了明显实效。

一是围绕重工业"三废"(固体废弃物、废液、废气)及生产过程中余热余压的综合利用,濮阳市积极引进国内外先进技术,大量投入资金、人力等,促成了一批资源节约和综合利用项目。如中原乙烯火炬气回收装置、同力水泥有限公司年产100万吨水泥粉磨站、中原大化余热余压发电等。同时政府加大对实心砖厂的关停与整治力度,重点扶植和发展新型墙材产业,促使一批粉煤灰制砖项目相继投产,构建起了濮阳市"煤—电—建材"循环产业链。通过对工业"三废"及余热余压的综合利用,既节约了资源,实现了减量化,同时还减少了废弃物对环境的压力,实现了清洁生产;而众多循环产业链的形成(如"化工生产—废气—可燃气—化工生产""化工生产—余热余压—电—化工生产"等企业循环产业链条)也大大提高了城市工业企业循环经济的发展水平。

二是针对农业废弃物开展综合利用。例如,通过综合利用农作物秸秆来大力发展畜牧与食用菌养殖,延长了生态农业的产业链,其链条内容为"秸秆—养牛—牛粪—食用菌"。这其中用到了不少先进技术,如秸秆青贮技术、牛粪生产食用菌技术等。再如,通过对麦秸、玉米芯和棉籽壳等农作物废弃物进行综合利用使其能够生产白灵菇、双孢菇、鸡腿菇、草菇等食用菌,而其剩余的废弃物就可以作为加工有机肥或有机饲料的原材料,这样也同样延长了生态产业链条,促进了农业循环经济的发展。

三是围绕农村畜禽养殖发展沼气业。截至2007年底,全市沼气用户达到6.7万户,年产沼气3353万立方米,节约能源2.4万吨标准煤,沼液、沼渣回归农业,初步形成了"猪—沼—果""猪—沼—稻""猪—沼—菜"等农业生态循环产业模式。

四是大力促进节能减排工作的开展。省委市政府制定了一系列的相关政策与法规来促进本市企业促进节能减排工作的开展,并制定了一定的奖惩机制促进节能减排工作的开展。

虽然濮阳市循环经济发展势头良好,并且也取得了一定的成效,但其循环经济发展过程中也存在着诸多问题:

一是从总体上来说，各级各部门对循环经济的内涵与外延认识不深入，重视程度不足。很多基层管理者对循环经济的含义与特点只能知道个大概，其他层级管理者也大多对循环经济的认识不够清晰，导致在制定经济发展规划和政策的时候没有充分考虑循环经济理念。其实从根本上而言就是各级各部门没有真正从意识上对发展循环经济有足够的重视，导致部分地区或部门的循环经济口号成为空谈。同时很多企业对循环经济内涵的学习重视不足，这都严重阻碍了循环经济的良好发展。

二是对循环经济的宣传与普及不到位。循环经济作为城市发展的新型经济发展模式不仅仅是政府和企业的事，它需要全民的参与。然而在笔者的实地调研数据中（以自身问卷统计数据为分析依据），居然有近半数公民没有听说过循环经济，而对于其特点、内涵则知之甚少。

以下为研究人员实地调研统计的部分相关数据：

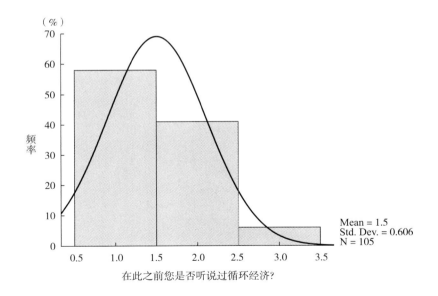

图7-1 濮阳问卷调查部分统计数据

注：1代表听过，2代表没有听说过，3代表不清楚。

资料来源：截取自 SPSS 软件分析成图。

图7-1显示有将近一般人不知道或不清楚循环经济。

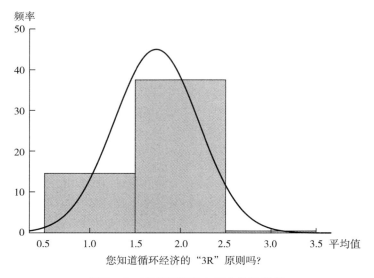

图 7 - 2　濮阳问卷调查部分统计数据

注：1 代表知道，2 代表没有听说过，3 代表不清楚。

资料来源：截取自 SPSS 软件分析成图。

图 7 - 2 显示，有将近 80% 的普通民众不知道循环经济的"3R"原则。

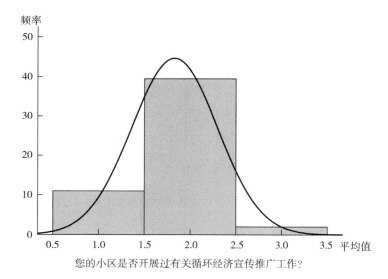

图 7 - 3　濮阳问卷调查部分统计数据

注：1 代表有过，2 代表没有过，3 代表不清楚。

资料来源：截取自 SPSS 软件分析成图。

图7-3显示，有80%的小区没有开展过有关循环经济宣传推广工作。

通过图7-1、图7-2、图7-3可以看到，濮阳市在循环经济基层宣传与教育方面还有很大的努力空间。当然，由于问卷调查数量级覆盖面的限制，调研数据难免有不准确的地方，但循环经济的宣传教育工作还是要进一步深入开展的结论是基本符合事实的。

三是政策制度不完善，缺乏促进企业自觉节约资源、保护环境、发展循环经济的激励约束政策。

图7-4、图7-5显示，在企业层面与公民层面，濮阳市有关循环经济的政策与文件相对较少，或是制定了实施和普及的效果不是很理想，同时激励制度不够完善，还需进一步改善。

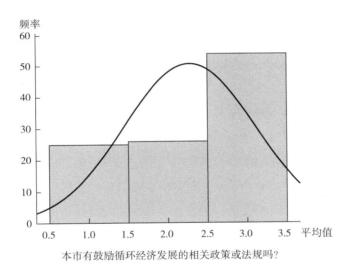

本市有鼓励循环经济发展的相关政策或法规吗？

图7-4 濮阳问卷调查部分统计数据

注：1代表有，2代表没有，3代表不清楚。

资料来源：截取自SPSS软件分析成图。

四是循环经济发展项目储备不足，现有的部分项目规模较小，技术先进性较差，达不到国债资金支持的要求，争取上级资金支持难度大。这也是因为技术存在一定的瓶颈所造成的。循环经济的发展归根结底还是循环技术的发展，政府还需大力引进与开发新型先进的循环生产技术，从而以技术来引导和促进循环经济发展。

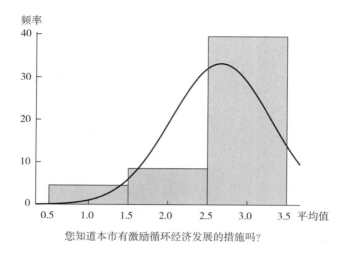

您知道本市有激励循环经济发展的措施吗?

图7-5　濮阳问卷调查部分统计数据

注：1代表有，2代表没有，3代表不清楚。

资料来源：截取自SPSS软件分析成图。

五是政府主导机制不健全。要想促进循环经济良好健康持续发展，必不可少地要有政府相关负责部门，同时健全部门管理层次和分工，促进工作机制和管理机制的健全和提高，同时明确各自的职权与责任利弊关系，只有这样才能从机制上保障循环经济的良好发展。同时，濮阳市缺乏循环经济的反馈与评价机制，缺乏这层机制犹如缺乏了一面镜子，很难发现其中问题的症结所在，也就难以制定相应的对策。

濮阳市循环经济发展还存在着很多其他方面的问题，这里简要陈述的以上五点，随着濮阳市循环经济的发展，会有越来越多的问题和矛盾显现出来，只有解决了这些问题，循环经济才能走上持续发展的健康之路。

（二）濮阳市循环经济发展评价体系构建

分析了濮阳市循环经济的发展现状和存在问题，我们可以构建濮阳市循环经济的评价体系了。结合前面分析的油气资源型城市循环经济评价体系，再依照简明、科学、数据以获取、便于整理与计算等原则，笔者构建了如下评价指标体系，如表7-5所示。

表7-5　濮阳市循环经济评价指标体系

目标层	准则层	指标层	单位	指标标准
油气资源型城市循环经济评价指标体系A	经济系统指标（共4个指标）B_1	C_{11} 人均 GDP	元/人	≥22000
		C_{12} 油气化工产业占 GDP 比重	%	≤15
		C_{13} 环保投资占 GDP 比重	%	≥3.5
		C_{14} 第三产业占 GDP 比重	%	≥35
	资源系统指标（共9个指标）B_2	C_{21} 单位 GDP 能耗	吨标准煤/万元	≤0.9
		C_{22} 单位工业增加值能耗	吨标准煤/万元	≤0.47
		C_{23} 单位油气产量综合能耗	千克标准煤/吨	≤30
		C_{24} 单位 GDP 水耗	立方米/万元	≤80
		C_{25} 单位工业增加值新鲜水耗	立方米/万元	≤15
		C_{26} 农业灌溉水有效利用系数	%	≥0.55
		C_{27} 工业固体废物处置利用率	%	≥90
		C_{28} 工业用水重复利用率	%	≥80
		C_{29} 废钢铁回收利用率	%	≤40
	环境系统指标（共8个指标）B_3	C_{31} 工业废水排放达标率	%	≥85
		C_{32} 城市污水集中处理率	%	≥90
		C_{33} 城市生活垃圾无害处理率	%	≥90
		C_{34} 二氧化硫排放强度	千克/万元	≤2.3
		C_{35} 二氧化硫排放量	万吨/年	≤1.79
		C_{36} 化学需氧量（COD）	千克/万元	≤2.5
		C_{37} 森林覆盖率	%	≥25
		C_{38} 城镇人均公共绿地面积	平方米/人	≥85
	社会系统指标（共4个指标）B_4	C_{41} 城市化水平	%	≥50
		C_{42} 公众对环境的满意率	%	≥85
		C_{43} 循环经济宣传教育普及率	%	≥85
		C_{44} 城镇登记失业率	%	≤3.0

注：表格中的部分标准值是依照《生态县、生态市、生态省建设指标（修订稿）》（2003年、2007年）中的标准参考制定的。而另一部分标准值的确定也是参考了众多国际、国家或权威标准而制定的（如废钢铁回收利用率40%——根据美国、英国、德国、苏联、日本等发达国家现有平均利用水平制定的等）。同时，为了计算简便，其中部分数据做了取整处理。

二、指标权重赋值

应用前文介绍的层次分析法、德尔菲法，可对指标进行无量纲化处理和权重赋值。

（一）层次分析法应用

1. 建立层次结构模型

鉴于该指标体系在构件时就考虑到应用层次分析法来确定其各层因素权重，故体系本身就具备层次分析法结构模型的特征，即已经自上而下分成了若干层次，分别包括目标层、准则层、指标层等，同时同一层诸因素既从属于上一层又支配着下一层，且指标数没有超过9个。

2. 构造判断矩阵

如表7-6所示，将专家对每一层次中各元素相对重要性关系通过适当分度的数字来表示。

表7-6　准则层判断矩阵

	B_1	B_2	B_3	B_4
B_1	1	1/4	1/3	1
B_2	4	1	1	4
B_3	3	1	1	3
B_4	1	1/4	1/3	1

即可构成如下成对比较矩阵：

$$A = \begin{pmatrix} 1 & \dfrac{1}{4} & \dfrac{1}{3} & 1 \\ 4 & 1 & 1 & 4 \\ 3 & 1 & 1 & 3 \\ 1 & \dfrac{1}{4} & \dfrac{1}{3} & 1 \end{pmatrix}$$

3. 计算权重并进行一致性检验

层次分析法中，矩阵权重的判断方法有两种：一是几何平均法或称作根法，二是规范列平均法或称作和法。本书采用规范列平均法计算矩阵各准则层相应权重，计算公式如下所示。准则层相应因素权重值用 w_i 表示，则

由 $w_i = \dfrac{\sum\limits_{j=1}^{n} a_{ij}}{\sum\limits_{i=1}^{n}\sum\limits_{j=1}^{n} a_{ij}}$ 　（i，$j = 1$，2，3，4）

得　$W_1 = 0.11$，$W_2 = 0.43$，$W_3 = 0.35$，$W_4 = 0.11$

根据一致性检验的定义，对判断矩阵进行一致性检验，

得　$CI = \dfrac{\lambda_{\max}(A) - n}{n - 1} = \dfrac{4.0104 - 4}{4 - 1} = 0.00347$

即　$CI = 0.00347$。加以修正后，得到随机一致性指标均值 RI。

随机一致性指标均值 RI 与判断矩阵 n 的对应关系如表 7 – 7 所示：

表 7 – 7　RI 与 n 对应关系

n	1	2	3	4	5	6	7	8	9	10
RI	0.00	0.00	0.58	0.90	1.12	1.24	1.32	1.41	1.45	1.49

根据以下公式计算一致性比率 CR，即

$$CR = \frac{CI}{RI} = \frac{0.00347}{0.9} = 0.00386 < 0.1$$

上述证明，该矩阵符合一致性要求。

（二）德尔菲法应用及最终各指标权重确定

通过德尔菲法给各个准则层确定权重值。

由于本书重点不在于如何应用德尔菲法确定权重，没有对德尔菲法的具体应用时的步骤和细节做描述，且指标权重为了方便计算做适当简化调整。指标权重结果直接由表 7 – 8 给出：

表7-8 经济系统指标权重赋值

准则层	具体指标	权重
经济系统 指标 B_1	C_{11} 人均 GDP	0.20
	C_{12} 油气化工产业占 GDP 比重	0.30
	C_{13} 环保投资占 GDP 比重	0.30
	C_{14} 第三产业占 GDP 比重	0.20

表7-9 资源系统指标权重赋值

准则层	具体指标	权重
资源系统 指标 B_2	C_{21} 单位 GDP 能耗	0.10
	C_{22} 单位工业增加值能耗	0.10
	C_{23} 单位油气产量综合能耗	0.10
	C_{24} 单位 GDP 水耗	0.10
	C_{25} 单位工业增加值新鲜水耗	0.10
	C_{26} 农业灌溉水有效利用系数	0.10
	C_{27} 工业固体废物处置利用率	0.15
	C_{28} 工业用水重复利用率	0.15
	C_{29} 废钢铁回收利用率	0.10

表7-10 环境系统指标权重赋值

准则层	具体指标	权重
环境系统 指标 B_3	C_{31} 工业废水排放达标率	0.20
	C_{32} 城市污水集中处理率	0.10
	C_{33} 城市生活垃圾无害化处理率	0.10
	C_{34} 二氧化硫排放强度	0.15
	C_{35} 二氧化硫排放量	0.05
	C_{36} 化学需氧量（COD）	0.10
	C_{37} 森林覆盖率	0.15
	C_{38} 城镇人均公共绿地面积	0.15

表 7 - 11　社会系统指标权重赋值

准则层	具体指标	权重
社会系统指标 B_4	C_{41} 城市化水平	0.20
	C_{42} 公众对环境的满意率	0.25
	C_{43} 循环经济宣传教育普及率	0.30
	C_{44} 城镇登记失业率	0.25

为了快速而简明地显示各个指标的最终总权重，本书用表 7 - 12 来说明：

表 7 - 12　濮阳市循环经济指标权重赋值

准则层	一级权重	指标层	二级权重	总权重
经济系统指标（共 4 个指标）B_1	0.11	C_{11} 人均 GDP	0.20	0.022
		C_{12} 油气化工产业占 GDP 比重	0.30	0.033
		C_{13} 环保投资占 GDP 比重	0.30	0.033
		C_{14} 第三产业占 GDP 比重	0.20	0.022
资源系统指标（共 9 个指标）B_2	0.43	C_{21} 单位 GDP 能耗	0.10	0.043
		C_{22} 单位工业增加值能耗	0.10	0.043
		C_{23} 单位油气产量综合能耗	0.10	0.043
		C_{24} 单位 GDP 水耗	0.10	0.043
		C_{25} 单位工业增加值新鲜水耗	0.10	0.043
		C_{26} 农业灌溉水有效利用系数	0.10	0.043
		C_{27} 工业固体废物处置利用率	0.15	0.066
		C_{28} 工业用水重复利用率	0.15	0.066
		C_{29} 废钢铁回收利用率	0.10	0.043
环境系统指标（共 8 个指标）B_3	0.35	C_{31} 工业废水排放达标率	0.20	0.070
		C_{32} 城市污水集中处理率	0.10	0.035
		C_{33} 城市生活垃圾无害处理率	0.10	0.035
		C_{34} 二氧化硫排放强度	0.15	0.053
		C_{35} 二氧化硫排放量	0.05	0.018
		C_{36} 化学需氧量（COD）	0.10	0.035
		C_{37} 森林覆盖率	0.15	0.053
		C_{38} 城镇人均公共绿地面积	0.15	0.053

准则层	一级权重	指标层	二级权重	总权重
社会系统指标 （共 4 个指标）B_4	0.11	C_{41}城市化水平	0.20	0.022
		C_{42}公众对环境的满意率	0.25	0.028
		C_{43}循环经济宣传教育普及率	0.30	0.033
		C_{44}城镇登记失业率	0.25	0.028

三、灰色关联度综合评价

（一）确定比较序列与目标序列

如前所述，多级灰色关联度分析方法是依据比较序列与目标序列之间的相似度来对比较序列做出评价。为此，我们首先应明确比较序列和目标序列分别是什么。多级灰色关联度分析法可以应用在同一地点在不同时期之间的比较分析，也可以用在同一时期不同地点之间的比较分析。针对本书研究重点，结合上文建立的濮阳市循环经济评价指标体系，我们选定濮阳市在不同时期的指标序列作为比较序列，而将指标体系中指标期望标准值作为目标序列。

为了简明，这里把比较序列和目标系列放在同一表格中，如表 7 - 13 所示。

表 7 - 13　濮阳市循环经济指标数据

准则层	指标层	单位	2005 年	2007 年	2010 年	标准值
经济系统指标 （共 4 个指标）B_1	人均可支配收入	元/人	8088	11042	15138	≥22000
	油气化工产业占 GDP 比重	%	30	26	17.9	≤15
	环保投资占 GDP 比重	%	0.5	0.5	0.6	≥3.5
	第三产业占 GDP 比重	%	20.9	20.9	19.6	≥35
资源系统指标 （共 9 个指标）B_2	单位 GDP 能耗	吨标准煤/万元	1.86	1.79	1.55	≤0.9
	单位工业增加值能耗	吨标准煤/万元	1.95	1.75	1.56	≤0.47
	单位油气产量综合能耗	千克标准煤/吨	47.9	40.3	36.7	≤30
	单位 GDP 水耗	立方米/万元	150	80	60	≤80
	单位工业增加值新鲜水耗	立方米/万元	23	19	13	≤15
	农业灌溉水有效利用系数	%	0.46	0.48	0.50	≥0.55
	工业固体废物处置利用率	%	75	80	90	≥90
	工业用水重复利用率	%	60	65	73	≥80
	废钢铁回收利用率	%	45	56	62	≥90

续表

准则层	指标层	单位	2005 年	2007 年	2010 年	标准值
环境系统指标（共 8 个指标）B_3	工业废水排放达标率	%	0.91	0.75	0.85	≥90
	城市污水集中处理率	%	50	65	75	≥90
	城市生活垃圾无害化处理率	%	80	100	100	≥90
	二氧化硫排放强度	千克/万元	7.17	5.63	3.71	≤2.3
	二氧化硫排放量	万吨/年	2.74	2.91	2.88	≤1.79
	化学需氧量（COD）	千克/万元	2.80	2.69	2.50	≤2.5
	森林覆盖率	%	19.8	20.1	23.0	≥25
	城镇人均公共绿地面积	平方米/人	13.6	15.6	17.1	≥85
社会系统指标（共 4 个指标）B_4	城市化水平	%	29.2	32.1	32.8	≥50
	公众对环境的满意率	%	60	60	65	≥85
	循环经济宣传教育普及率	%	35	45	55	≥85
	城镇登记失业率	%	4.5	3.6	2.6	≤3.0

注：本表中的濮阳市统计口径数据主要参考了濮阳市历年统计年鉴，而部分非标准统计口径数据则参考了其他一些专业人士或政府管理者给的数据或政府相关文献（如 2006 年河南省及各省辖市单位 GDP 能耗公报等），有的则参考了其他相关政府公告等资料。为了简便的同时又不失数据科学准确性，对少数数据作出适当微调。

（二）指标无量纲化和权重的确定

在全部 25 个指标中，既有正向指标又有逆向指标。

在表 7 - 13 中，当标准值标注为大于等于号时表示正向指标，而当标准值标注为小于等于号时表示逆向指标。

依据前文所介绍的方法将指标各年数据进行无量纲化处理，也就是标准化处理，如表 7 - 14 所示。

四、油气资源型城市循环经济发展评价分析

将上表所列的标准值作为最优序列 X_0，通过灰色关联度分析的方法计算 2005 年、2007 年和 2010 年相对目标序列的关联度，如表 7 - 15、表 7 - 16 所示。

表 7-14　濮阳市循环经济指标的无量纲化

指标	2005年值	差值	无量纲化	2007年值	差值	无量纲化	2010年值	差值	无量纲化	标准值	差值	无量纲化
人均可支配收入	8088	0	0	11042	2954	0.224	15138	7050	0.534	22000	13192	1
油气化工产业占GDP比重	30	0	0	26	4	0.267	17.9	12.1	0.807	15	15	1
环保投资占GDP比重	0.5	0	0	0.5	0	0	0.6	0.1	0.333	3.5	3	1
第三产业占GDP比重	20.9	1.3	0.084	20.9	1.3	0.084	19.6	0	0	35	15.4	1
单位GDP能耗	1.86	0	0	1.79	0.07	0.073	1.55	0.31	0.323	0.9	0.96	1
单位工业增加值能耗	1.95	0	0	1.75	0.2	0.135	1.56	0.39	0.264	0.47	1.48	1
单位油气产量综合能耗	47.9	0	0	40.3	7.6	0.425	36.7	11.2	62.6	30	17.9	1
单位GDP水耗	150	0	0	80	70	0.778	60	90	1	80	70	0.778
单位工业增加值新鲜水耗	23	0	0	19	4	0.4	13	10	1	15	8	0.8
农业灌溉水有效利用系数	0.46	0	0	0.48	0.02	0.222	0.5	0.04	0.444	0.55	0.09	1
工业固体废物处置利用率	75	0	0	80	5	0.333	90	15	1	90	15	1
工业用水重复利用率	60	0	0	65	5	0.25	73	13	0.65	80	20	1
废钢铁回收利用率	45	0	0	56	11	0.244	62	17	0.378	90	45	1
工业废水排放达标率	91	16	1	75			85	10	0.625	90	15	0.938
城市污水集中处理率	50	0	0	65	15	0.375	75	25	0.625	90	40	1
城市生活垃圾无害化处理率	80	0	0	100	20	1	100	20	1	90	10	0.5
二氧化硫排放强度	7.17	0	0	5.63	1.54	0.316	3.71	3.46	0.71	2.3	4.87	1
二氧化硫排放量	2.74	0.17	0.152	2.91	0	0	2.88	0.03	0.027	1.79	1.12	1
化学需氧量（COD）	2.8	0	0	2.69	0.11	0.367	2.5	0.3	1	2.5	0.3	1
森林覆盖率	19.8	0	0	20.1	0.3	0.058	23	3.2	0.615	25	5.2	1
城镇人均公共绿地面积	13.6	0	0	15.6	2	0.028	17.1	3.5	0.049	85	71.4	1
城市化水平	29.2	0	0	32.1	2.9	0.139	32.8	3.6	0.173	50	20.8	1
公众对环境的满意率	60	0	0	60			65	5	0.2	85	25	1
循环经济宣传教育普及率	35	0	0	45	10	0.222	55	20	0.444	85	45	1
城镇登记失业率	4.5	0	0	3.6	0.9	0.475	2.6	1.9	1	3	1.5	0.577

注：对于上述指标权重的赋值，我们采用上表数据，这里不再赘述。

表 7 - 15　濮阳市循环经济评价指标相关系数计算

指标	权重	2005 年	ε	2007 年	ε	2010 年	ε	标准值	ε
人均可支配收入	0.20	0	0.091	0.224	0.114	0.534	0.176	1	1
油气化工产业占 GDP 比重	0.30	0	0.091	0.267	0.12	0.807	0.341	1	1
环保投资占 GDP 比重	0.30	0	0.091	0	0.091	0.333	0.176	1	1
第三产业占 GDP 比重	0.20	0.084	0.098	0.084	0.098	0	0.091	1	1
单位 GDP 能耗	0.10	0	0.091	0.073	0.006	0.323	0.129	1	1
单位工业增加值能耗	0.10	0	0.091	0.135	0.104	0.264	0.12	1	1
单位油气产量综合能耗	0.10	0	0.091	0.425	0.148	0.626	0.211	1	1
单位 GDP 水耗	0.10	0	0	0.778	1	1	0.31	0.778	1
单位工业增加值新鲜水耗	0.10	0	1	0.4	0.2	1	0.333	0.8	1
农业灌溉水有效利用系数	0.10	0	0.091	0.222	0.114	0.444	0.152	1	1
工业固体废物处置利用率	0.15	0	0.091	0.333	0.13	1	1	1	1
工业用水重复利用率	0.15	0	0.091	0.25	0.118	0.65	0.222	1	1
废钢铁回收利用率	0.10	0	0.091	0.244	0.117	0.378	0.136	1	1
工业废水排放达标率	0.20	1	0.211	0	0.211	0.625	0.99	0.938	1
城市污水集中处理率	0.10	0	0.091	0.375	0.211	0.625	0.211	1	1
城市生活垃圾无害化处理率	0.10	0	0.167	1	0.167	1	0.167	0.5	1
二氧化硫排放强度	0.15	0	0.091	0.316	0.128	0.71	0.256	1	1
二氧化硫排放量	0.05	0.152	0.105	0	0.091	0.027	0.093	1	1
化学需氧量（COD）	0.10	0	0.091	0.367	0.136	1	1	1	1
森林覆盖率	0.15	0	0.091	0.058	0.096	0.615	0.206	1	1
城镇人均公共绿地面积	0.15	0	0.091	0.028	0.093	0.049	0.095	1	1
城市化水平	0.20	0	0.091	0.139	0.093	0.173	0.093	1	1
公众对环境的满意率	0.25	0	0.091	0	0.091	0.2	0.111	1	1
循环经济宣传教育普及率	0.30	0	0.091	0.222	0.114	0.444	0.152	1	1
城镇登记失业率	0.25	0	0.148	0.475	0.495	1	0.344	0.577	1

表 7 - 16　濮阳市循环经济评价准则层相关系数比较

指标	2005 年	2007 年	2010 年	标准值
经济系统指标	0.020	0.106	0.209	1
资源系统指标	0.172	0.207	0.323	1
环境系统指标	0.042	0.042	0.198	1
社会系统指标	0.105	0.199	0.178	1
总目标层	0.102	0.137	0.251	1

为了简便，在进行该计算方法时可对相应数据做简化处理，如通过四舍五入保留三位小数，同时采用 Excell 软件进行计算和绘图。

为了更加直观地反映濮阳市循环经济发展程度与变化趋势，本书根据表 7 - 12，依照相应时间节点绘制了每个控制层的关联曲线（见图 7 - 6），以及最终目标层即濮阳市循环经济发展关联曲线。

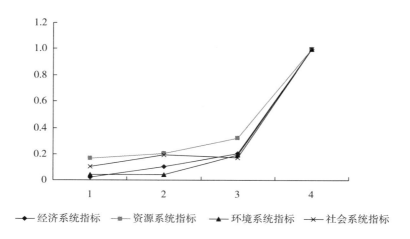

图 7 - 6 濮阳市循环经济评价准则层相关系数比较

注：借于该法采用 2005 年数据为初始数据，而依据该方法初始数据无论反映在图像上还是反映在表格的相关系数上一般都很小。也就是说，2005 年相对于其他后续数据相关系数虽然很小，但实际循环经济水平并非如图 7 - 6 所示几乎接近于零，只是因为本书选取 2005 年作为初始数据的缘故。这是因为相关系数本身是相对值，并非原始绝对值，图 7 - 6 反映的只是不同时间段的数据线性相关程度及变化趋势，而并不反映该对应时间段循环经济的绝对值。若选取 2000 年为初始数据，则反映在图 7 - 6 中，2000 年数据就会最低，而 2005 年数据值及所在第一象限中位置则会较现在有所提高。

通过观察四个控制层在 2005 年、2007 年、2010 年及标准值的关联曲线，我们不难发现从大趋势而言，虽然濮阳市循环经济发展水平离标准水平尚有较大差距，但每个层面都取得了一定发展，并且除社会指标外，其他都是在逐年提高（或持平）。2005 年总体水平相对偏低，全部在 0.2 以下；而 2010 年，四项控制层指标全线上涨，但也都在 0.4 以下，其中资源系统类指标数值较大，说明濮阳市在该方面的发展较其他三项为好。这是因为濮阳市本身是资源型城市，在油气开采的前些年，整个城市的能源供给从来不成问题，并且成本低、储量足，这导致本市原先的企业在资源利用与节约方面存在很多弊端。随着资源的不断开采，油气资源逐渐面临枯竭问题，以前那种粗放式的高投入、高消耗、低产出的生产模式在受到资源枯竭压力的不断冲击下，城市管理者不得不对产业的转型与升级引起高度重视。由于资源型城市本身产业特点，该类城市受资源供给与利用方式的影响比其他类城市要严重和直接得多，所以，油气资源型城市在资源系统指标中相对其他控制层指标，取得了相对领先的成效。

通过进一步分析，我们发现，濮阳市自 2005~2010 年，经济系统指标增长速度最快，而其他指标系统增长相对缓慢，尤其是社会指标，在 2007 年后出现小幅下滑。经济增速明显快于其他指标与我国"以经济建设为中心"的基本国策有重要关系，不仅资源型城市，全国各个城市都把发展城市经济作为考核当地政府官员的绩效指标之一，并且再所有指标中占有重要位置，这直接导致城市的管理者指定的城市管理政策往往倾向于经济建设，而相对忽略其他方面。而社会指标出现先长后小幅下挫的趋势原因之一是政府过度重视宏观经济指标而相对忽视社会与民生而导致的，如过分注重经济"蛋糕"的做大，却相对忽视了对"蛋糕"合理分配，同时还造成环境的不断破坏等。

图 7-7 与图 7-8 显示的是目标层即濮阳市循环经济不同年份之间的线性相关程度，最大值为 1，是由标准值所得。

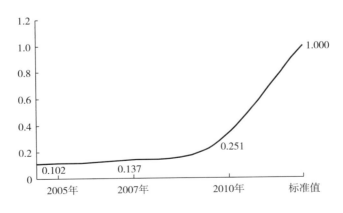

图 7-7　不同年份濮阳市循环经济总关联度变化曲线

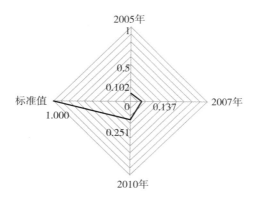

图 7 - 8   不同年份濮阳市循环经济总相关度

从图 7 - 7 中我们可以看出，2005 ~ 2010 年，濮阳市循环经济整体水平呈上升趋势，且增速逐渐增大。但截至 2010 年，濮阳市总关联系数为 0.251，离标注水平还有不小的差距。这说明濮阳市循环经济发展水平还有很大一块发展空间，这对城市管理者来说既是一种挑战和压力，更是一种机遇和财富。当然 2010 年关联系数偏低与我们所选取的起始数据也有很大关系，若选 2000 年为初始年，则 2010 年管理系数会比现在高。同时，2010 年关联系数虽然较小，也不能说濮阳市循环经济发展水平就一定很差，因为关联数据本身是相对值。即便如此，濮阳市循环经济发展水平与标准值间还有一定差距，这是毋庸置疑的，还需当地政府大力发展循环经济。

图 7 - 8 从另一个视角给出了关联系数之间的变化关系。该图显示随着年份的增加，濮阳市循环经济水平不断提高，如果把时间不断细化和拓展开来，会得到一个逐渐扩大的螺旋线，起点为 0，终点为 1，当然这是一个理想模型，显示中螺旋线未必是一条直线，难免中间的某些年份出现倒退现象。

五、濮阳循环经济工作发展建议

通过对濮阳市循环经济发展现状和存在问题的分析，在充分了解城市发展规划基础上，结合我国可持续发展战略与资源型城市转型发展策略，同时借鉴国内外循环经济发展的经验，本书对濮阳市循环经济发展作出如下建议：

（一）夯实基础构建

1. 建立和完善专管机构

油气资源型城市的发展要想实现可持续性，必须走循环经济和产业转型相结合的道路。为了促进循环经济在区域经济中的实质性发展，必须辅以相应的专管机构来负责循环经济的管理与发展。

城市可以成立循环经济发展小组，以市长或市委书记作为组长，由各区区长作为分组长，各级政府循环经济或可持续发展相关部门负责人作为各自成员，统领城市循环经济发展与建设。

城市的发展与城市发展改革委员会制定的发展规划有着密切关系，这就要求循环经济需要在发改委有人专门负责循环经济发展规划的制定与实施，最重要的是一定要在城市发展规划的各个层面与方面都要体现循环经济的理念。

发改委制定的规划由各级单位相关专管机构负责实施，由领导小组下达指标，在明确各方职责权限的前提下厘清赏罚，以此作为官员业绩考核的标准之一，从而促进城市循环经济快速发展。

2. 完善相关政策

由于循环经济是从人类与自然长远利益出发，因此对于企业或个人而言，其短期利益很难见效。鉴于循环经济的特点，城市循环经济的良好发展必须建立在完善的政策引导和政府管理的基础上，濮阳市也不例外。

濮阳市循环经济发展虽取得一定成绩，但总体来看，城市整体循环水平、节能水平、废弃物资源化水平都不高，而投入产出比、废弃物总量、城市污染水平还相对较高，循环经济还有部分相关领域政策相对缺乏，如循环经济的评价体系构建与实施、废旧家电回收补贴政策、生活垃圾分类回收相关政策、能耗降低的评价标准、城市"三固"废弃物排放的总量控制标准等。

建议濮阳市加大对循环经济的研究和应用力度，将循环经济发展列入城市发展战略当中，并从城市发展的各个层面辅以相应政策来引导循环经济的发展。在此过程中可以借鉴国内外一些成功经验。例如，濮阳市可以成立或引导公益资金建立类似德国的"包装物双元回收体系（DSD）"这样的机构，专门组织回收处理包装废弃物，并联合企业制定相应的奖励政策，有政府专门负责监管。还可以根据自身城市的特点构建一些有益于城市循环经济发展的政策，如对于濮阳而言，城市转型迫在眉睫，城市在做产业规划和企业引进过程中，可以以循环经济发展的"3R"原则作为标准，为符合调节企业做出适当的财政补贴、税收优惠或其他方面的让步，从而从政策面促进城市循环经济发展。

3. 建立评价与激励制度

为了更有效地实施循环经济，除了建立相应专门管理部门与政策外，还应当制定更加详细和明确的奖励政策，这样才会对循环经济的发展起到真正的促进作用。下面结合濮阳市的特点给出几点建议：一是建立濮阳市循环经济绩效考核制度。无论是从各领导小组、城市发改委还是在园区或企业管理与实施部门，循环经济的实施都缺乏相应的奖励激励制度以全面促进循环经济政策实施。这就需要建立相应的绩效考核体系并依此来对从事循环经济的部门与人员作出定期的绩效考核，从而制定相应的奖励机制。这个可以参考一些企业的激励制度。二是建立专门的资金奖励制度。鉴于城市财政有限，建议财政不够的部分由社会公益资金来设立循环经济发展专项奖励基金，用于循环经济理念传播、循环技术开发与拓展、循环产品开发与推广的奖励。三是完善专项申报资金制度，对循环经济重大项目或产业园、企业申报循环经济相关项目给予政策指导，并予以一定的资金支持。四是实施财政补贴及税收优惠制度。对符合产业政策，对废弃物回收利用、循环技术拓展与开发有益的行为给予适当的财政补贴或税收优惠政策。对采用先进循环技术开展生产的企业予以适当的税费优惠，对于公益性质生产企业甚至可以实施零税费优惠。五是考虑建立 GDP 与 EDP（国内生态产出）双重经济核算体系。

（二）借鉴成功模式

无论是国外经验还是国内经验，油气资源型城市均可有的放矢地加以借鉴。

1. 杜邦模式

杜邦模式就是我们通常意义上的企业小循环，该方法起源于杜邦公司。杜邦公司提出"3R"制造法，通过组织厂内各工艺间物料循环，延长生产链，减少生产过程中的物料和能源使用量，尽量减少废弃物及有毒物质排放，最大限度地利用可再生资源。到 1994 年，该公司生产造成的废弃塑料物减少了四分之一，空气污染物排放量减少了70%。

濮阳市在企业循环经济发展层面已经做出了不少努力，并已取得了一定的成果，如通过废气、余热余压综合利用，节约了能源，促进了清洁生产，同时构建了"化工生产—废气—可燃气—化工生产""化工生产—余热余压—电—化工生产""高炉冶炼—废气—电—高炉冶炼"等企业内部循环产业链，但是还存在一些问题。濮阳市循环性质企业数量和比例较低，没有把循环经济理念拓展到所有企业层面；而循环性质的企业其产业链长度及效率与原始设计有一定差距，即无论从投入与产出的角度还是从耗能与废弃物资源化角度，其效率都没有达到预期效果。濮阳市还应该针对这些企业各自的特点与难点，将没有循环概念的企业逐渐引导至环境友好型企业路子上来，将已经开清洁生产的企业进一步加大鼓励力度，支持企业技术创新，同时予以一定财政补贴或其他方面的政策优惠，促进该类企业加大循环经济投入，从而促使企业循环经济快速发展。

2. 工业园区模式

循环经济工业园区有的亦称作生态工业园区或循环工业园区。在国外比较早、开展比较好的如丹麦卡伦堡生态工业园。我国自20世纪末开始在适合的城市与区域建立生态工业园，如贵港国家生态工业示范园区等。生态工业园模式是国内外各国发展循环经济的主要模式之一。生态工业园区是一群具有相关耦合关系的企业群落组成的群体。具体来说，就是一个企业或工厂生产的废弃物或副产品成为下一个公司的原材料，把一个企业的废物排放与另一个企业的投入环节结合起来，通过废弃物交换、循环利用、清洁生产等手段，最终实现整个园区内污染物排放量降到最低，真正实现循环利用的目的。

濮阳市目前还没有真正意义上的生态工业园，目前有的工业园企业之间只是理论上存在耦合的可能，由于缺乏适当的规划与利益激励，导致工业园区内企业联系较小。但也不是没有这方面的成果，如通过利用粉煤灰生产水泥和制砖，同时也构建了"煤—电—建材"循环产业链等。

在濮阳市"十二五"规划中，我们发现濮阳市对循环经济的重视程度也比以前明显提高，虽然并没有把循环经济当作城市发展战略来对待。在"十二五"规划中提到："按照循环经济模式进行布局，以产业园区、集聚区和重点企业为载体，围绕化工和食品行业的骨干企业和核心资源，延长产业链条，推动产业融合，规划建设 3 个循环经济示范园区。"三个产业园区分别是：濮阳经济技术产业集聚区化工循环经济示范园区、濮阳市产业集聚区电盐化工循环经济示范园区、南乐县产业集聚区食品加工循环经济示范园区。

3. 循环型社会模式

循环社会模式是从日本发展起来的模式。循环型社会建设主要体现在以下三个层次上。

一是政府推动构筑多层次法律与政策体系。这方面可以借鉴日本方面的成果。日本在 2000 年 6 月公布了《循环型社会形成促进基本法》，随后又出台了《固体废弃物管理和公共清洁法》《促进资源有效利用法》等综合法。随后，日本相继提出了《汽车循环法案》《建设循环法》《促进容器与包装分类回收法》《食品回收法》《绿色采购法》等具体法。鉴于城市立法权限问题，政府可以在某些法律不好规定的方面以政府政策文件形式规定为条例，以保障循环经济政策的完善性。

二是要求企业开发高新技术，循环经济是先进生产技术和关键链接技术及废旧资源再利用技术支撑的经济，不是传统社会低水平物质循环利用方式下的经济。加强产品本质设计程度，即要在产品设计阶段就要考虑资源再利用问题。同时加大废弃物回收与分类技术的开发与引进，减轻城市废弃物压力等。

三是要求国民从根本上改变观念，转变资源利用观念，要认清垃圾也是资源。

（三）全民参与

1. 加强宣传教育

从城市与人类发展的长远大计出发，循环经济教育应当从孩子抓起。建议从小学直至高等教育都开展循环经济相关课程教育，从人类和自然长远利益出发，讲解循环经济核心理念与含义等基础知识，重点介绍作为公民应该如何从自身做起实施循环经济，要求每个人都严格要求自己，以身作则，促进循环经济发展。同时政府通过各种渠道来刺激人们对循环经济的认识，从而提高人们的循环经济意识。

2. 完善激励机制

为了促进城市循环经济发展，可以通过设立废物资源化基金、重复利用基金等形式，奖励城市对循环经济做出特别贡献的个人，以此激励公民践行循环经济理念。

资金的来源主要有三个渠道，一是政府的财政资金。取之于民用之于民，这样做一方面可以增强人们发展循环经济的积极性，也可以增加城市财政支出透明度；缺点就是对于像濮阳这样财政相对不是很充足的城市而言，短期内财政压力会进一步加大。二是社会与企业公益资金，公益资金最好与政府资金成比例配套，同时对给予公益资金的单位或个人给以其他方面的优惠或奖励，既然是公益资金那投入与产出就不能完全以经济利益为标准。优点是减轻了城市财政压力，缺点是公益资金较难获取。三是通过直接向小区或集体征收一定比例的循环经济建设费，年中或年末以适当的金额发放给在循环经济建设方面做出突出贡献的集体或小区。这样做优点是毫无财政压力，缺点是如管理不当，资金使用与分配较难监控，易于滋生腐败。

3. 采用多种方法

全民参与的方法与手段有很多，如可以通过政府、企业、事业单位等下发相关教育文件的形式先对全民实施垃圾分类教育，在此基础上，建立垃圾分类回收站点，促进大家垃圾分类行为习惯的养成；还可以政府、社区或企业为引导，成立旧货交易市场、旧货交易网站等，促使废弃物资源化利用。这样的方法还有很多，最重要的是实践要有效果，所以最好的方法还是通过本地实践，本地市民结合该地区特点建立起来的方法。当然，政府的引导作用是非常重要的。

第八章 油气资源型城市循环经济发展对策措施

第一节 发展思路确立

一、用循环经济的理念和原则，规划油气城市经济社会发展战略

中国工程院院士徐承恩提到，循环经济已经成为全球提倡的经济发展模式，这对资源、能源消耗及污染相对较高的石油石化工业来说更为重要，油气城市应把建设生态型石油石化工业、发展循环经济，放到石油化工发展整体规划的指导思想中去。油气资源型城市生态环境状况比较薄弱，面临引水工程和国家实施西部大开发战略这一历史性机遇，必须积极发展现代化高效生态建设项目，以此作为新的经济增长点和接续产业，促进经济结构趋向合理，避免单一油气产业所带来的风险。这就必须高起点、高标准制定生态保护规划，将建设低碳生态城和发展城市循环经济的内容编入创模规划，逐步建立适应循环经济发展的经济管理体系、政策法规体系、技术服务体系、评价指标体系、统计核算制度和激励约束机制，采用系统工程的思路和方法，将循环经济的理念和原则贯穿到油气城市经济社会发展规划中，贯穿到经济结构的战略性调整中，贯穿到工业园区及区内企业的布局中，贯穿到国家支持的产业、项目中，并在市场经济的实践中付诸实施。根据油气城市实际，加快制定推进循环经济发展的规划，抓住重点不放松。以推进资源节约、清洁生产为重点，大力发展循环经济，促进工业污染防治从末端治理向污染预防转变，加快节约型社会建设。按照循环经济的要求，加快推进现有工业园区生态建设，在园区内实现"工业共生"，不断延长产业链，实现物流、能流的优化循环，构筑从单个到系统的综合性清洁生产、清洁工艺，逐步形成企业间共生生态链。充分运用市场化手段，引导资源合理有效配置，加快产业结构调整，不断延伸产业链，大力发展下游产业。按照国家发展循环经济的试验区发展思路，合理开发各类资源，使能源工业和资源产业相互匹配、协调发展。建立资源二次配置机制，引导资源开发企业采取合作、联合经营等方式，由分散开发向集约开发、小型开发向规模开发转变，切实转变经济增长方式，提升企业发展层次，拓展发展空间，提升发展潜力、发展效能和竞争力。

二、依托优势资源，发展循环经济

发展循环经济，就是使"自然资源—粗放型工业—产品—污染排放"的线性经济，转变为"自然资源—循环利用型工业—绿色产品—再生资源深加工业—绿色产品"的循环经济。克拉玛依市目前年产原油1000万吨以上，是我国新兴的油气资源型城市，中央驻克石油石化企业的规模占到全市经济总量的近九成。正由于油气城市资源的使用、产业的分布相对集中，也就成为发展循环经济的优势所在。因此，油气城市应该以支柱产业资源利用为重点，发展循环经济产业链。

（一）发展油气城市循环经济，务必优化利用现有资源

油气企业的发展模式要逐渐由低科技含量型转变为高科技含量型、由粗放型转变为集约型、由高资源消耗型转变为资源节约型，只有实现这些转变，企业才能从真正意义上走上健康发展之路。企业要成功转型，实现资源优化利用，最重要的是要贯彻循环经济理念，把企业建立在减量再利用、资源优化基础上，实现对产品和服务的前端、过程和末端的资源消费的控制和优化，按照减量化，再使用、再循环原则，对企业的产品、副产品、废弃物进行综合研究，依靠现代生产技术和环保技术的应用，使企业实现清洁生产和资源综合利用。近年来，按照中国石油、新疆维吾尔自治区石油石化发展规划，按照"一区两园"格局，统一规划管理，滚动开发建设，克拉玛依已经把园区建设成为国家级现代化石化工

业园。

（二）加快大农业开发，不断壮大农业经济

要以市场为导向，坚持"效益为核心、科技是支撑"，按照高起点、高标准、高质量、高科技、高效益的要求，科学规划、科学开发、科学管理，与周边地区区域融合、优势互补、优化资源配置、良性互动，大力发展生态与经济效益兼顾并重的沙棘产业、绿色果蔬生产加工、林板纸业、畜产品加工业、乳制品加工业、中草药业、生态农业旅游业，培育一批有市场、有资源、能带动农业经济快速发展的开发项目，形成合理的产业布局。这几年，油气城市克拉玛依正在把农业综合开发区建设成为具有"国际水准、国内一流"的区域农副产品加工中心、新疆现代农业示范基地、国家级农业综合开发高新技术示范园区。

三、大力建设生态型石油石化工业，发展循环经济

开源节流、提高资源利用率，突破资源瓶颈是又好又快发展的基础。油气城市以工业污染防治为主，实行产业结构调整，坚决淘汰污染严重的行业和落后的生产工艺，将炼油废水、稠油废水和落地油污染三项限期治理作为工作重点。以克拉玛依为例，其中，新疆油田公司先后新建和改造了六九区稠油污水处理厂等9座工业污水处理装置，并在油田作业区全部使用低含硫天然气作燃料；克拉玛依石化公司建成了炼化污水处理厂、含硫污水气提装置、污水深度处理回用项目和粉煤灰水泥粉磨站等重点污染治理工程；独山子石化公司扩建了含硫污水气提装置，建成了干气脱硫项目和炼化污泥处理系统，全市工业污水处理能力由56.4%提高到97.98%。与此同时，应大力提高资源综合开发和回收利用率。油气资源型城市作为资源的原发地，对资源的开发利用是否科学合理，不仅关系到油气资源型城市本身发展，而且会直接影响到整个国家经济的发展。因此，油气资源型城市把好资源综合开发和回收利用这一关十分重要。对资源开发要统筹规划，加强共生、伴生油气资源的综合开发和利用，实现综合勘察、综合开发、综合利用；加强油气资源与非油气资源开采管理，健全资源勘察开发准入条件，改进资源开发利用方式，实现资源保护性开发；积极推进矿产资源深加工技术的研发，提高产品附加值，实现油气资源的优化与升级；开发并完善油气资源特点的采炼工艺，提高采收率和综合回收率，加强对污染重的重点行业的管理，提高废

渣、废水、废气的综合利用率。

四、开展清洁生产，从源头实现资源的高效利用

清洁生产是发展循环经济不可缺少的手段。近年来，油气资源型城市和石油石化企业积极推进环境管理体系建设和清洁生产，使企业的环保意识显著增强。如克拉玛依市的新疆石油局在钻井、试油、油田施工等作业现场开展"绿色作业队"创建活动，将油气勘探开发过程中对环境的破坏降到最小限度，尤其是钻井废泥浆的回收率已由原来的 60% 提高到目前的 80% 以上。新疆油田公司和克拉玛依石化公司依靠科技，加大治理环境污染的投入，将含油污水经过深度处理后回收利用，年节水 632 万吨，同时对含硫污水和废气进行综合利用，年生产硫黄1500 吨。独山子石化公司通过技术革新和改造，吨油加工物耗达到国内先进水平，污水产生量降低了一半。2011 年这家公司共实施清洁生产方案 100 多项，创经济效益 1000 多万元，实现了经济效益和环境效益的双赢。

国家 2002 年就颁布了《清洁生产促进法》。从许多油气资源型城市的实际情况看，还有许多工作要做。组织一批企业开展清洁生产试点，以物耗能耗少，环境污染小的清洁生产企业为典范，以点带面推动我市全面推行清洁生产。广泛开展清洁生产审核，通过审核，促使企业采用技术手段，管理措施，将单位产品的各项消耗和污染物的排放量限定在先进标准允许的范围内，尽可能地将各种资源循环利用，实现企业资源使用、排污总量"减量化"。以实施清洁生产来促进油气城市实现循环经济。当然，这关键在于要突出重点，抓好落实。

五、认真执行相关政策，促进循环经济全面开展

油气资源型城市发展循环经济，制定各种政策措施，必须坚持以科学发展观为指导，以优化资源开发、利用为核心，以提高资源利用效率和降低废弃物排放为目标，以技术创新和制度创新为动力，采取切实有效的措施，积极加以推进。

（一）用循环经济理念指导编制规划

油气资源型城市要把循环经济作为编制发展规划的重要指导原则，加快节能、节水、资源综合利用、再生资源回收利用等循环经济发展重点领域专项规划的编制工作；建立科学的循环经济评价指标体系，尽快研究提出发展循环经济的

战略目标、战略重点及分阶段推进计划。

（二）建立完善的循环经济法规和政策体系

当前，油气资源型城市要抓紧制定《资源综合利用条例》《废弃物回收、循环利用和处理管理条例》《废渣、废铁、废钢等回收利用管理条例》《废旧轮胎回收利用管理条例》《包装物回收利用管理办法》等发展循环经济的专项法规。加快制定用能设备能效标准、重点用水行业取水定额标准、主要耗能行业节能设计规范，以及强制性能效标志和再利用品标志等发展循环经济的标准规范。加大执法监督检查的力度，逐步将循环经济发展工作纳入法制化轨道。同时，通过深化改革，形成有利于促进循环经济发展的体制条件和政策环境，建立自觉节约资源和保护环境的机制。结合投资体制改革，调整和落实投资政策，加大对循环经济发展的资金支持；进一步深化价格改革，研究并落实促进循环经济发展的价格和收费政策；完善财税政策，加大对循环经济发展的支持力度；进一步深化企业改革，研究制定有利于企业建立符合循环经济要求的生态工业网络的经济政策。

第二节　重点产业选择

考虑到循环经济在我国刚刚起步的事实，考虑到循环经济本身的系统性与复杂性，也鉴于油气资源型城市自身的独特性与差异性，故油气资源型城市循环经济建设工作，应当抓住重点产业，有所为，有所不为。通过实地走访、参观交流等多种调研活动，以油气资源型城市——四川省南充市化学工业园循环经济产业发展为例，予以阐述。

一、循环经济产业体系定位

南充作为新兴的油气资源型城市，它位于四川东北部，是四川省的重要城市。南充化学工业园依托便利的区位优势，加之具有发展石油化工、生物化工、盐化工、新能源、新材料等所需要的原料保障，以及当地和西部地区较好的市场环境，在国家大力发展循环经济的积极态势指引下，应将产业体系的发展定位为：承接传统化工业，保护嘉陵水资源，打造成渝经济区最大的循环经济型化学工业园。早在新中国成立之初，国家就把南充规划成西南石油重镇，围绕石油天然气化工部署了生产、教育、科研、钻探勘测等一整套机构、企业和设施：西南石油大学、中石油四川石化南充炼油厂、石油设备制造企业（石油机械厂）、石油地调处、石油地震一大队等，近年又新建了具有国有知识产权的石油开采助剂生产企业——光亚科技。目前南充已形成了炼油化工、农用化工、日用及特种化工等几大支柱产业。因此，南充化学工业园将主要依靠利用中国石油区域石化原料资源和地区生物质资源，继续壮大石油化工战略性支柱产业，努力提升盐化工、生物技术等特色产业，大力发展新能源、新材料、节能环保、碳捕集等新兴产业，在已有化工产业基础上整合现有优势资源，优化产业结构，提升产品附加值，形成内部能够自循环，外部能够与周边原料与市场对接的可持续发展化工园区。以产业园为依托建立集约型、循环型的产业体系，加速产业基地化建设，形成共生企业群组，密切上下游产品的衔接，实现工业固体废物资源化和减量化，达到资源的最佳配置和利用。

南充市属于长江最大的支流嘉陵江流域，位于嘉陵江中游段。嘉陵江流经南充境内干流长 271 千米，穿城而过的嘉陵江流量大、水质好，可达到地表水 II 类水域水质标准，水资源量和水质能够满足建设大型化学工业园区生产和生活用水需要。嘉陵江的水资源是南充化工产业的重要原料，因此，在南充化学工业园区的建设与发展的同时，要确保嘉陵江的水资源及周边生态环境质量得到良好的保护，这是除园区产业发展之外的另一重要任务与使命。只有做好嘉陵江水资源保障体系建设，才能实现南充化工园区经济社会的可持续发展。

成渝经济区发展规划中所涉及的八大支撑产业其中之一便是"打造国家重要的石油天然气化工和盐化工基地"，这无疑是针对南充这样一个化工产业历史悠久的城市从区域战略发展角度的一次明确定位。为了确保当前可持续发展以及"十二五"时期节能减排等目标的实现，化工产业必须转变生产模式，走绿色化工之路。与传统化工园区不同，绿色化工园区要求在整个园区内最大限度实现清洁原料、清洁工艺和清洁产品，在这个供应链系统上，实现园区内部的清洁和经济性最好，同园区外部的交换也应实现能量、物料的最佳匹配和环境最优。南充应该借助成渝经济区的发展平台，按照循环经济理念规划化学工业园区产业体系和生态建设，使化工园区成为南充市新一轮经济增长点。

二、循环经济产业发展战略

建设南充化学工业园是南充市和四川省加快新型工业化建设的重要步骤。根据产业定位，本着统筹规划、分步实施的原则，南充化学工业园的循环经济建设将根据时间跨度分为近期（2011~2015 年）——基础建设和产业初期布局阶段、中远期（2016~2025 年）——产业体系基本成型两个阶段。南充化学工业园将以"绿色化工立区，高新技术强区，优质环境兴区"为发展战略，充分利用资源、区位、交通和产业优势，遵循有序开发、集中建设、适度超前、分期实施的原则，按照"大项目—产业链—产业群—产业基地"的发展思路，根据"产品项目一体化、公用辅助工程一体化、物流传输一体化、环境保护一体化和管理服务一体化"的理念，打造以石油、天然气化工为主导，以新能源、新材料、生物化工、盐化工、碳捕集及其产品高值利用为延伸的循环经济型产业体系，形成资源高效清洁利用的循环经济型产业增长模式，建成一批循环经济示范企业，建成具有国内先进水平、独具特色的化学工业园区，实现南充市和川东北地区工业产业结构调整升级的战略目标，带动南充市及周边地区的经济社会发展。

形成完善的水利用—大气控制—固废处理—生态治理—物流运输基础设施体系，较好预防和救援工业园对嘉陵江及周边地区的环境污染与生态安全隐患和事故，为园区的循环经济发展保驾护航；主要产业单位产品或产值的工业取水量、能耗、污染排放强度指标达到或优于全国同期同类平均水平，塑造具有国际竞争力或竞争潜力的产业和产业集群，建成与自然生态协调发展的新型循环经济工业区。

2010~2020 年，完成总投资约 528 亿元，其中产业项目投资 469 亿元左右，公用工程和基础设施投资约 58 亿元。到 2020 年，项目累计每年可实现销售收入约 1000 亿元，利税约 200 亿元，新增工业增加值 255 亿元左右，年产值达到1000 亿元左右。

通过规划的实施，实现区域内资源的有效整合和合理配置，带动当地及周边地区的纺织、建材、电子和汽车零配件等多个相关产业的发展，促进四川省和南充市化工产业集聚发展和环境的改善，实现经济和环境协调发展。努力将南充化学工业园打造成为资源利用高效、生态环境优美、安全保障健全"三位一体"的可持续发展的新兴产业生命体，力争将其建成为"十二五"规划中新模式循环经济工业园的示范园区。

三、循环经济产业建设方案

（一）主导产业的循环经济建设方案

1. 主导产业的基础及结构调整

目前，中国石油南充炼油化工总厂坐落于南充市北郊，拥有 150 万吨/年原油加工能力，是我国西南地区最大的燃料——润滑油型炼油企业和四川省重点优势企业，在南充工业经济中的地位举足轻重。但南充炼油化工总厂今后的发展面临很大的挑战，一方面，随着南充市经济的快速发展，市区范围不断扩大，南充炼油化工总厂现有厂区已靠近市区，企业发展的空间受到很大限制；另一方面，国家产业政策明确鼓励发展千万吨级大型炼油基地，而根据我国今后一段时期的原油资源分配政策，南充炼油化工总厂很难大幅度增加原油配给量，达到合理的炼油经济规模。因此，根据我国《炼油工业中长期发展专项规划》提出的"根据地区特点和企业情况，引导和鼓励 200 万吨级炼油装置向生产特色产品转型"的发展方向，南充炼油化工总厂需在现有原油配置的基础上，通过搬迁改造，采用新技术在南充化学工业园生产新产品，实现产品结构转型和产业结构升级。

除丰富的自然资源优势外，南充化学工业园还拥有充足的石化基础原料供应。

2. 主导产业的生态产业链设计

一是特色炼油：南充炼油化工总厂扩大发展有特色的润滑油/润滑脂/石蜡生产系列，装置移至南充化学工业园，根据原料和市场要求情况，生产规模规划为 20 万吨/年。

二是石化深加工：利用中国石油四川石化和乌石化对二甲苯（PX）资源，在化工园区进一步延伸发展，生产重要的有机化工原料对苯二甲酸（PTA），进一步加工生产聚酯（PET）和工程塑料产品链，与南充及周边地区的天然纤维、塑料加工结合，促进地区纺织、汽车、电子和机械配件等行业的发展。

利用天然气净化硫黄生产硫酸、与四川石化提供的苯资源，采用改良环己烷法路线生产重要的合成纤维原状料己内酰胺，进一步生产尼龙6，再深加工为尼龙树脂和工程塑料等，支持四川省汽车配件和电子业的发展。

利用四川石化提供的苯、二甲苯和丁辛醇等原料，生产己二酸、苯酐等有机原料，进一步延伸发展己二酸二辛酯（DOA）、邻苯二甲酸二辛酯/邻苯二甲酸二丁酯（DOP/DBP）等多种增塑剂产品。利用四川石化提供的苯乙烯和丁二烯等原料单体，合成新型高分子材料丁苯透明抗冲树脂（S—透明抗冲树脂），满足包装、日用塑料、医疗器具、电器仪表和家用电器等领域的需求。

合成纤维："十二五"期间合成纤维行业应重点发展高附加值的差别化纤维，提高功能性纤维的比例；对己内酰胺、丙烯腈、乙二醇等单体生产装置进行改造和扩建，增加 PX 和 PTA 的生产能力，提高合成纤维原料供给率，力争自给率分别达到85%和80%左右，大力发展碳纤维、芳纶、高强度聚乙烯纤维等合成纤维，研发 PTT（弹性涤纶）纤维并推动其配套的 1，3—丙二醇的产业化进程。

3. 主导产业的重点建设项目和关键技术

这里具体又涉及石油化工重点建设项目和关键技术、天然气化工重点建设项目和关键技术等重要问题。

（二）新兴产业的循环经济建设方案

1. 战略性新兴产业发展定位与方向

立足于南充市产业基础，按照新兴产业发展的创新模式，即研发—孵化—产业化的过程，化工园区新兴产业按照新兴产业进行定位，优先培育产业基础较好、企业规模较大的产业包括新能源、新材料、生物技术，重点关注节能环保、高端装备制造、信息技术和节能环保产业。

节能环保产业：重点发展水处理设备、电子废弃物回收、煤炭高效利用、烟气脱硫技术等。

新一代信息技术产业：重点发展集成电路、新型显示技术。

生物产业：重点发展生物医药、现代中药的创新，培育生物育种产业，推广农用生物制品，发展生物质加工与利用，包括秸秆综合利用、纤维素化工等。推动农用机械装备的创新等。

高端装备制造产业：重点发展新型汽车发动机制造技术。

新能源产业：重点发展太阳能光伏组件、风电装备、核电技术、薄膜太阳能电池、纤维素乙醇、生物柴油等产业。

新材料产业：重点发展特种硅树脂、特种硅油、液体硅橡胶、氟硅材料、LED 照明、芳纶纤维、超高分子量聚乙烯纤维及其复合材料、尼龙系列工程塑料等。

新能源汽车：重点发展插电式混合动力汽车、驱动电机、燃料电池汽车等。

2. 优先发展的产业

一是新能源产业，二是新材料产业。应当做好生物新能源产业链设计。生物新能源产业链是利用当地的生物原料条件，依托中国石油等大型企业集团，发展燃料乙醇、生物柴油等生物新能源。同时，为提高经济效益和附加值，利用部分乙醇、生物柴油及生物柴油副产的甘油生产醋酸乙酯、航空煤油和环氧氯丙烷等下游衍生产品。

3. 重点关注的产业

节能环保产业、生物技术产业、盐化工下游产业、碳捕集及其产品高值利用产业等。

第三节　发展战略策略

油气资源型城市发展循环经济是一项系统工程，既需要全盘考虑，更需要统筹协调。除了厘清发展思路，把握重点产业外，油气资源型城市经营管理者还需要在实践中制定和实施切实可行、行之有效的战略、策略等。

一、发展战略

（一）编制发展规划

城市发展需要明确的定位和目标，发展循环经济，油气资源型城市同样需要明确的长远规划。油气资源型城市循环经济发展规划可以分为长远规划、短期规划，将长期规划划分为若干个小的阶段，近期的规划便是短期规划。规划内容应当是建立在对循环经济内涵深刻理解的基础上，充分理解和运用可持续发展等相关政策与理论，同时符合油气城市当地发展特色及背景，从而制订一份保障循环经济顺利发展的整体计划。

首先，应该建立负责和管理循环经济发展的专门部门，设立专门机构与人员从事循环经济相关工作。很多油气城市已经成立了循环经济发展领导小组，部分油气城市有专门的部门来负责循环经济和低碳经济发展。但其中存在不少问题，比如说，大多数油气城市的专管部门权限过小，他们往往从属于经济管理部门，对油气城市产业及企业循环经济缺乏实质性的管控和检测权限。这些问题都需要得到解决才能促使循环经济发展。

其次，应当构建完善的循环经济相关立法与政策体系。有完善的法律体系是明确各层面权责利的基础；拥有全面的政策体系，是保障激励与惩罚机制存在和实施的基础。二者合理结合才能促使循环经济良好发展。具体来说，政府相关部门应编制可再利用和再循环的废弃物清单发送至各企事业单位，针对居民废弃物制定相应的可再利用和再循环的废弃物目录，并依据废弃资源特点制定相应的回收网点及激励奖惩制度。同时制定用以规范企业和社会公众行为的循环经济的制度和条例，明确各行业的排污标准和收费标准，制定相应政策规定各行业的废弃回收的职责和相关管理制度等，以指导生产者再利用和再生利用，以及消费者的消费行为；要明确有关部门发展循环经济的职责和权限，组织、协调各部门的工作，使各部门应当按照各自的职责，促进循环经济发展。

再次，建立完善的管理机制对发展循环经济也至关重要。政府部门应加快改革政府政绩考核机制，尽快建立起一套环境、经济、社会综合考量的循环经济考核机制，并将其拓展到油气城市发展的各个层面；并逐步建立绿色经济核算体系，将经济的发展速度和规模建立在环境友好型社会的基础上。要恰当地处理政府与市场的关系，完善循环经济立法及相关标准，制定和完善相关奖惩机制。

最后，明确油气城市循环经济发展的阶段目标和长远目标。循环经济发展的最终目标是实现人与自然和谐共处。和谐包含两层含义：一是从人类自身出发，人类可以舒适自然的生活在自然界中；二是从自然角度出发，自然可以容许人类的一切经济、社会活动，并且环境不会得到更加恶化，自然生态能够保持完好与平衡。当然这个目标不可能一步到位。循环经济的长远规划应当根据油气城市的自身特点，结合循环经济发展水平合理制订。

（二）产业优化升级

由于油气资源型城市原本的主导产业油气开采与加工产业属于劳动密集型的高污染、高消耗、高排放产业，加上大多数城市油气资源面临枯竭，因此，产业结构调整就成为油气资源型城市发展的必然选择。产业结构调整与转型，需依据循环经济的"3R"原则，在尽量减小资源开采与加工业比重的同时，需重点选择和培育新型主导产业。减少原主导产业比重有利于减少高污染型企业对环境的污染，有助于提高资源整体利用效率，改善生态环境。曾经作为主导产业的油气开采与加工产业虽然不能作为主导产业方向加以培育，但也绝对不能废弃，资源型企业拥有良好的技术、设备、人才优势，同时这些企业也曾经为城市发展做出过巨大的贡献。应当注意：在培育新型主导产业时，要特别注重循环经济的应用，最好部分产业能够与原先的资源型企业耦合起来，形成互利共生的模式，使油气产业在所占比重逐步下降的同时依然有生存的空间，同时还能实现环境友好与资源节约。同时，应当把产业转型的中心放下，培育具有可持续性发展特点的新型产业上。要注重发展创新能力，培育低消耗、高附加值的环境友好型企业，加快高新技术产业、汽车工业、机械工业、电机电器工业等附加值高的产业的培育和发展，要大力发展环境无害化的产业，大力发展信息业、制造业等技术含量高、污染程度小的产业。优先考虑计算机、信息技术、激光、电子、生物医药等高新技术产业。最终构建一个产业特色明显，且能保证油气城市可持续发展、环境、经济、社会三者和谐共生的产业结构。只有这样，才能够真正实现油气城市循环经济的科学发展。

（三）合理有序推进

合理有序推进是指根据我国油气资源型城市自身特点，结合城市循环经济发展的基础与现状制定的从高层到低层、从宏观到微观的循环经济发展战略。其思路可以概括为：一个目标层、两个重点层、三个结合层。

1. 一个目标层

目标层是城市发展的总目标，即指实现油气资源型城市可持续发展。要想实现其可持续发展，油气城市就需要全面深化改革。当然，其中产业结构调整与发展循环经济是重中之重。要想真正提高油气城市持续发展能力，必须将循环经济、低碳经济思想融入油气城市发展的方方面面。包括城市产业转型与引入新型战略主导产业等，都需充分考虑循环理念的运用。我国在 2007 年制定了由三局制定和印发的循环经济评价指标体系，油气资源型城市可以依据其中指标体系的内容来衡量城市循环经济发展水平，并通过评价发现存在的问题，进而做出相应的调整或改革。

2. 两个重点层

一是要做好产业结构调整，实现绿色结构，绿色循环。要积极改变原有的油气资源型产业占比过重的现状，依照循环经济"3R"原则及可持续发展理念的本质，大力调整产业结构。在降低劳动密集型的资源开采与加工产业的同时，大力发展高新技术产业及资源精深加工产业，增加第三产业在城市三大产业中的比重，并辅以相应的循环经济政策和评估、统计、激励制度，把结构调整同循环经济的发展有机地结合起来。

二是要做好重点能耗企业转型，实现绿色转型。要加大节能技术的研发和引入力度，对原有重耗能、重排放企业设立专项资金促进企业进行产业升级，提高能源的利用效率、降低污染物排放总量。鼓励企业引入新技术、新设备，开发新材料、新能源来降低对环境的压力。政府部门应对该类企业实行专门严格控制，并定期检查，不符合标准者应给予一定的经济惩罚，或限期整改。

3. 三个结合层

一是注重重点项目建设与循环经济理念相结合。对于城市近年来的重点规划项目，应当充分结合循环经济思想理念，在加快产业结构优化和生产总值的同时，努力实现环境、经济、社会的同步发展。重点项目应当是建立在城市可持续发展基础上的，既有利于提高能源利用水平、降低废物排放水平，还能提高城市科技含量，提高城市品位的重点项目。这类项目有的来自于招商引资，有的来自于发达地区产业战略转移等，是城市发展的重中之重。要促使企业和政府形成共同努力发展循环经济的良好风气，充分利用国债资金、政府专项资金的指导作用，积极引导企业单位申报相关项目，实现循环经济与重点项目充分结合。

二是注重城市工业聚集区与循环经济相结合。工业聚集区是城市发展的风向标，是城市工业核心区。只有合理运用工业聚集区的循环理念，城市的循环经济发展才算是真正取得了阶段性成果。工业聚集区往往在为城市创造大量就业机会和经济总量的同时，也消耗着城市大量的能源与原材料，这里是循环经济发展的沃土。政府要通过适当的手段引导工业集聚区向着循环经济的方向发展，形成既优势互补又各具特色的生态产业系统，从园区总层面上来控制资源的投入总量、资源利用效率、废弃物排放总量；努力将每个工业区都建设成为具有真正循环意义的工业聚集区。

三是注重城市经济发展规划与循环经济相结合。城市经济发展规划要建立在城市可持续发展基础上，要充分理解循环经济的内涵，从宏观层面控制城市经济及产业向着循环经济方向转型。无论是产业调整还是城际间的项目交流合作，都应该与循环经济理念相结合，促使循环经济在城市宏观层面拥有良好的发展氛围，为循环经济长远发展打下基础。

二、发展策略

(一) 农业保障策略

我国农村人口数量巨大，分布也极其广泛。很多油气资源型城市在其周边存在着大量的农村村落，油气资源型的可持续发展离不开其周边农村的健康发展。农业发展为油气资源型城市提供了最基本的物资保障，充足的柴米油盐供给永远是一个城市健康发展的前提条件，也是其持续发展的重要基础。不仅如此，农村的发展可以为城市提供持续的人力支持和物资供给，这对城市循环发展非常重要，而农村大量人口的存在又为城市发展提供了更大的潜在市场，这些对我国油气资源型城市循环经济发展都非常有益。

(二) 工业转型策略

以往我们常常提到工业化是一个城市快速发展的根本动力，然而随着社会的发展，我们发现单纯"工业化"的提法已不能保障城市的长远发展。在经历制造业危机、招工难等一系列问题后我们开始反思：现代以及将来城市发展的真正动力会在哪里？尤其对于本书论述的油气资源型城市，它的出路又在哪里？答案之一就是实现工业转型。这里的工业转型是一个相对广义的概念，它涵盖了我们通常所说的"产业升级""集约型经济"等概念。油气资源型城市要想解决油气资源枯竭、产业结构单一等一系列问题，就需要从工业升级转型入手。工业的转型至少包含以下三层含义：一是调整城市产业结构，大力发展新型有潜力的行业，改变结构过于单一的现状；二是化粗放型经济为集约型经济，提高城市经济效率和单位资源盈利能力，提高城市竞争质量；三是大力发展市场经济，逐渐弱化国有企业遗留的计划经济作风，促进经济和工业的公平发展。只有做到以上几点，油气资源型城市的发展才算有了相对可靠的持续发展动力。

（三）技术支持策略

科学技术是第一生产力。社会的发展离不开技术的进步，要想实现工业化转型需要先进的技术，要想实现循环经济的良好发展更需要先进的技术。良好而先进的技术是保障经济发展的关键因素之一。因此，油气资源型城市在将来的发展过程中应当非常重视城市各重点产业关键技术的发展，在必要的时候对重要的技术予以一定的支持，并制定相应的政策来规划和促进技术的发展与变革。例如，可以通过补贴资金、专项资金或减税的方式来促进某些企业的技术创新，通过设立公开透明的项目申报制度鼓励和支持当地相关研究机构多做技术上的改革与创新，增强对专利技术的奖励力度和扶持力度，同时加大对高新技术企业的扶植力度等。

（四）人才支持策略

人才是油气城市循环经济发展的基本保障。城市发展的好坏，最终还是取决于城市整体人才水平的高低。城市经营管理者应当本着以人为本的原则，制定城市引进人才策略。要加大对专科、本科、硕士、博士各层次人才的引进力度，通过优厚的软硬件条件，来吸引更高层次的人才来本地工作，增强城市整体人才水平。同时加大本市与周边城市优秀人才的互动与交流，特别是与区域大城市间的交流，减少因地域闭塞而引起的人才流失等。

第四节　发展一般模式

通过产业转型与结构调整，大力发展非油气业，使资源型城市演变为综合型城市；通过构建生态企业群、生态产业园，发展区域循环经济，使资源型城市演变为生态型城市；通过提高现有资源利用效率、节能减排降耗，打造节约型城市；通过寻找发现并开发利用新兴资源，依托高科技延长资源型城市的生命周期，构建科技型城市，并在此过程中发展循环经济，实现可持续发展。

基于此，油气资源型城市循环经济发展的一般模式或路径，见图 8 - 1。

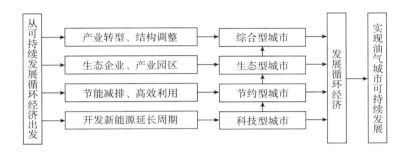

图 8 - 1　油气资源型城市循环经济发展的一般模式

从某种意义上说，油气资源型城市发展循环经济的关键是发展油气循环经济问题。所谓油气循环经济，是指以石油、天然气、油气生产伴生物，以及油气生产、储运等环节的生产资料等多种资源的低消耗、高利用和废弃物的低排放为核心内容，按照减量化、再利用、再循环的原则开发石油天然气的经济发展模式。

一、按照减量化原则的要求，大力推进能源节约和水资源重复利用

循环经济的一个重要原则就是减量化原则。减量化原则要求用较少原料和能源，特别是控制使用有害于环境的资源来达到既定的生产目的或消费目的，从而节约资源和减少污染。按照减量化的要求，油气生产企业发展石油循环经济的重要措施就是节能减排。节能减排措施主要应该包括两个方面：一是杜绝浪费，即要求在经济运行中减少对资源消耗的浪费；二是在生产消费过程中，用尽可能少的资源、能源，特别是引起环境污染的资源，创造更多的财富，把污染损失降到最小的限度。油气生产企业要以节水、节能为重点，在生产、建设、流通和消费各领域节约资源，减少消耗，提高资源利用效率。

由于我国是一个水资源缺乏的国家，油气生产所在地大多属于缺水地区。因此，应该按照循环经济的减量化原则，同时推进油田生产节约用水和城市节约用水的工作，通过降低油田供水管网的漏损率，积极推进污水处理及再生利用，搞好注水井注水净化回注和雨季雨水积蓄，大力强化公共建筑、生活小区、住宅节水器具的推广应用，加强对地下水资源的管理等系列措施，严格控制油田生产超采、乱采和滥用地下水，防治地层水和地表水的污染，以达到节约资金、缓解水资源供需紧张矛盾的目标。

二、按照再利用、再循环原则，充分利用废弃资源，减少污染，创造经济价值，降低油气生产成本

油气生产企业与资源所在地双方应该形成经济联合体，以油气生产废弃物的综合利用和再生资源回收利用为重点，共同开发环保产业，分享由此而带来的经济利益。还可以采取股份公司的形式，油地双方合资成立能够创造利润的以油气生产废弃物再利用、再循环为经营项目的大型再生资源回收利用公司。

对于油气城市而言，油气企业与资源所在地应充分利用油气井的伴生物、采出水等资源，变废为宝，积极开发可以利用的产品，或实现循环利用，有效降低油气生产成本。

对油井出现的伴生天然气，油气生产企业传统的做法是让气体在高空燃烧。目前，我国有的油田已经做到了对伴生天然气的充分利用。比如，大庆油田在其一些边远地区新投产的油井中使用了小型燃气发电机组，不仅替换了过去常用的柴油发电机，节约了大量的柴油，而且年利用放空伴生天然气发电 2600 万千瓦时。目前，国内外在探索天然气水合物储存技术、热声天然气液化技术等方面取得了成功，将为产量较小的伴生天然气的增值提供充分的技术支撑。

对于油气资源型城市而言，油气生产企业与资源所在地应充分利用油气生产过程中有用物质转化而成的废弃物，通过化学、物理方法将其处理为有用的产品。

对油气生产使用过的废弃泥浆，传统的处理办法是做固化处理后再填埋。事实上，经过特殊的化学和物理方法处理，这些废弃泥浆可以在固化后制成建筑材料，如砖、铺路材料等。这种处理不仅减少建筑对黏土等资源的使用量，而且还将污染治理成本转化为生产成本，实现了资源的再利用。

对于油气资源型城市而言，油气生产企业与资源所在地应成立大型再生资源回收利用公司和专业化废品回收厂，加大再生金属、废旧轮胎、废旧塑料和废纸的回收利用力度，推进再生资源和生活垃圾资源化回收利用。这样，不仅能回收废弃物、减少污染、增产增值，还能推动油田就业和地方经济发展，收到多方面的效益。

第九章 油气资源型城市循环经济应用实施建议

第一节 应用步骤途径

以资源节约、环境友好型城市为目标，油气资源型城市循环经济应用步骤如图9-1所示。

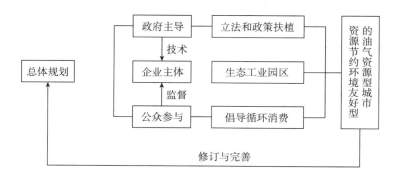

图9-1 油气资源型城市循环经济应用步骤

一、科学研究，制定循环经济发展的总体规划

发展循环经济是一个漫长过程，也是一项系统工程，厘清思路、完善规划、有序推进是关键。当前及今后一个时期，要厘清城市循环经济发展的总体思路，

应着力"突出一个核心，构建三个平台，完善三个机制，实施四大战略，健全五个体系"，逐步建立有利于循环经济发展的宏观调控体系，建立政府推动、企业主导、法律规范、公众参与的有效机制。突出一个核心：以优化资源利用方式为核心，推动经济增长方式转型，建立资源节约型和环境友好型城市。构建三个平台：构建以企业、园区、城市为主要载体的循环经济发展平台。完善三项机制：价格机制、投入机制和补偿机制。实施四大战略：清洁生产战略、工业园区生态化战略、绿色市场培育战略、节约型城市发展战略。健全五个体系：建立健全促进循环经济发展的政策法规体系、技术创新支撑体系、循环经济评价指标体系、资源供给保障体系和绿色标准体系。

二、大力宣传，引导公众树立循环经济的新理念

循环经济是一个新生事物，需要各方面（政府、企业、公众）转变观念，提高认识，这是循环经济健康有序发展的重要前提。因此有必要通过学校教育、在职培训和大众媒体宣传循环经济的知识和理念，使发展循环经济成为社会各界的共识，循环经济发展理念真正深入人心，重视和发挥非政府组织和公众在推动循环经济发展中的作用。政府要从战略高度去认识，用全局的视野去把握发展循环经济的重要性和紧迫性，进一步提高自觉性和责任感。

三、健全立法，加大政府对循环经济的政策扶持

循环经济实质上是对传统生产方式和生活方式的变革。因此，必须健全对循环经济的立法，通过法律强制性的特点为发展循环经济提供法律支持，同时将循环经济这一经济理论转变为人人都要遵守的行为规范。资源型城市要把发展循环经济作为政府投资的重点领域，对一些重大项目采取直接投资或资金补助、贷款贴息等措施，发挥政府投资对社会投资的引导作用，特别是要引导各类金融机构对有利于促进循环经济发展的重点项目给予贷款支持。各地也应结合自身的特点和性质，制定出自我约束、自我发展、自我完善的地方性政策和规章。

四、建立技术体系，为循环经济的发展提供有力的技术支持

循环经济发展模式的构建要有坚实的技术支持，这可以通过建立循环技术体

系得以保障。循环技术包括进行废弃物再利用的资源化技术、用于消除污染的环境工程技术、生产绿色产品的清洁生产技术及生产过程的无废少废等技术。建立循环技术体系的关键是积极采用清洁生产技术，无害或低害的新工艺、新技术，以大力降低原材料和能源消耗，实现少投入、高产出、低污染，尽可能地把环境污染物的排放消除在生产过程。

五、引导循环消费，以循环经济的发展模式建设现代节约型城市

资源型城市循环经济发展的内在动力是循环消费，各级政府和领导干部要做好以下三个方面的工作：一是积极引导循环消费，通过向社会公众宣传环境保护意识，改变人们消费观念；二是鼓励节约使用和重复利用办公用品，同时提高广大消费者的节约意识，引导全社会积极自觉地将各类可循环利用的废旧物资送交收购站或流动的收购人员，提高资源的循环利用率；三是逐步制定鼓励循环消费的经济政策。

六、创建生态工业园区，坚持试点示范和不同层面的有序推进

当前，应从试点示范入手，从企业、园区、城市三个层面协调推进。资源型城市的开发区建设要按照循环经济理念规划、建设和改造，对进入园区的企业应提出土地、能源、水资源利用及污染物排放综合控制要求，创建全新的生态工业园区。其关键，一是推行"补链"战术，把"工业链"发展成为"生态链"；二是部署"静脉"产业。"静脉"产业指的是把那些在消费领域中丧失使用功能的产品，如废旧金属、废旧玻璃、废弃包装物等进行回收处理和再资源化。构建循环经济体系是油气资源型城市发展的必然，大庆油田已经正在规划和建设企业、园区、城市为一体的循环经济体系。

在实际应用实施中，以四川石油天然气产区为例，应该着重把握以下几个主要环节。

（一）能源的减量化使用

按照减量化原则的要求，大力推进能源节约和水资源重复利用循环经济的一个重要原则就是减量化原则。减量化原则要求用较少原料和能源，特别是控制使用有害于环境的资源来达到既定的生产目的或消费目的，从而节约资源和减少污

染。按照减量化的要求，油气生产企业发展石油循环经济的重要措施就是节能减排。节能减排措施主要应该包括两个方面。

一是杜绝浪费，即要求在经济运行中减少对资源消耗的浪费；二是在生产消费过程中，用尽可能少的资源、能源，特别是引起环境污染的资源，创造更多的财富，把污染损失降到最低限度。

油气生产企业要以节水、节能为重点，在生产、建设、流通和消费各领域节约资源，减少自然资源的消耗，提高资源利用效率。由于我国是一个水资源缺乏的国家，油气生产所在地大多属于缺水地区。因此，应该按照循环经济的减量化原则，同时推进油田生产节约用水和城市节约用水的工作，通过降低油田供水管网的漏损率，积极推进污水处理及再生利用，搞好注水井注水净化回注和雨季雨水积蓄，大力强化公共建筑、生活小区、住宅节水器具的推广应用，加强对地下水资源的管理等系列措施，严格控制油田生产超采、滥采和滥用地下水，防治地层水和地表水的污染，以达到节约资金、缓解水资源供需紧张矛盾的目标。

（二）充分利用废弃资源，最大限度地创造经济价值

按照再利用、再循环原则，充分利用废弃资源，减少污染，创造经济价值，降低油气生产成本。油气生产企业与资源所在地双方应该形成经济联合体，以油气生产废弃物的综合利用和再生资源回收利用为重点，共同开发环保产业，分享由此带来的经济利益。还可以采取股份公司的形式，油地双方合资成立能够创造利润的以油气生产废弃物再利用、再循环为经营项目的大型再生资源回收利用公司。

（三）循环利用废弃资源以有效降低油气生产成本

油气生产企业与资源所在地应充分利用油气井的伴生物、采出水等资源，变废为宝，积极开发可以利用的产品，或实现循环利用，有效降低油气生产成本。

1. 废气中有用物质的回收

对油井出现的伴生天然气，油气生产企业传统的做法是让气体在高空燃烧，不但是对油气资源的浪费，而且环境污染严重，随着国家对能源开采过程中所造成的环境污染以及能源浪费治理整顿力度的加大，对于合理回收利用该部分能源已是当务之急，也是国内能源长期持久发展的一个必然趋势。目前，我国有的油田已经做到了对伴生天然气的充分利用。比如，大庆油田在其一些边远地区新投

产的油井中使用了小型燃气发电机组,不仅替换了过去常用的柴油发电机,节约了大量的柴油,而且年利用放空伴生天然气发电2600万千瓦时。又比如海南石化企业均设置火炬气回收装置,回收烃类物质作为原料或燃料使用,炼油企业将塔顶气回收轻烃,加氢低分气集中脱硫后去PSA(酞酰磺醋胺)提纯回收H_2(氢气),减少制氢的天然气消耗,产生的催化干气一部分用于生产乙苯/苯乙烯,剩余部分作为燃料用气,因此应加快发展乙烯下游产业,消化炼油企业自产干气,减少干气作为燃料使用;化肥企业可将合成氨工序产生的富余二氧化碳气体用于生产干冰、可降解塑料等产品。目前,国内外在探索天然气水合物储存技术、热声天然气液化技术等方面取得成功,为产量较小的伴生天然气增值提供了充分的技术支撑。

另外,目前国内快速发展的液化天然气需求无疑为油田伴生气的利用又开辟了另一条新的途径。我国城市燃气对天然气的需求量在不断增加,截至2003年底,约有100个城市的居民用上了天然气,其中大部分远离气源地的城市都由河南中原绿能股份有限公司供应,该公司拥有我国目前唯一的以城市燃气为用户对象的工厂,年生产能力仅4×10^4,不能满足城市燃气快速发展的需要。事实上,与化工对天然气原料价格的要求相比,城市燃气可承受的价格更高,如果将伴生气加工制成高附加值的液化天然气,作为城市燃气的气源,将具有较好的市场前景。

2. 油气采出水的回收

不同地质情况下,油田采出水具有不同的化学成分。其中,不少油气井的采出水都是含有具有开发价值的盐卤水。比如,川中油气矿区有的油井采出水含盐浓度高达20%。因此,在盐卤水资源丰富的石油产区,由油田与地方共同投资,成立盐业企业,对盐卤水进行加工,生产食盐、工业盐及各种化学产品,将带来较为丰厚的经济收入。对于不具有经济开发价值的油田采出水,循环使用是最大的节约和减排。目前,全国不少油田都在油田采出水的循环利用方面进行了积极的探索,并取得了较好的效益。

目前,从全国来看,新建大型企业水循环利用率较高,甲醇生产企业水的循环利用率和重复利用率分别为94.00%和96.10%,废水回用率为94.00%;炼油企业水重复利用率为96.78%,但是水回用率仅为54.08%,可见油气炼制企业应进一步提高石油炼制废水回用率。

3. 固化物质的回收

油气生产企业与资源所在地应充分利用油气生产过程中有用物质转化而成的废弃物，通过化学、物理方法将其处理为有用的产品。对油气生产使用过的废弃泥浆，传统的处理办法是做固化处理后再填埋。事实上，经过特殊的化学和物理方法处理，这些废弃泥浆可以在固化后制成建筑材料，如砖、铺路材料等。这种处理不仅减少建筑对黏土等资源的使用量，而且还将污染治理成本转化为生产成本，实现了资源的再利用。石油炼制产生的"三泥"（油泥、浮渣和剩余活性污泥）经脱水后与聚丙烯废油脂、工艺中产生的废溶剂均送焚烧炉焚烧，不仅利用可燃性废物回收能源，而且将有害物质转化成无害物质。"三泥"含油量高可作为制砖燃料，同时剩余污泥还可作为土壤改良剂、调节剂和肥料，后者有利于进一步提高资源转化率。若炼油企业进一步延伸产品链，建设生产石油焦的延迟焦化装置后，可利用焦炭塔回收"三泥"中的油品。

对于产生的大量废催化剂、废吸附剂和添加剂，企业可以自行回收废催化剂中的贵重金属，催化裂化装置的废催化剂可直接用于生产釉面砖；废白土采用石灰挤压法回收油料后，可作为砖、水泥、建筑密封剂的原料；废催化剂中的贵金属废催化剂可由厂家回收，其余由危险固体废弃物处理中心统一处理。

因此，油气生产企业与资源所在地应成立大型再生资源回收利用公司和专业化废品回收厂，加大再生金属、废旧轮胎、废旧塑料和废纸的回收利用力度，推进再生资源和生活垃圾资源化回收利用。这样，不仅能回收废弃物、减少污染、增产增值，还能推动油田就业和地方经济发展，收到多方面的效益。

4. 其他措施

（1）开展绿色产品设计。绿色产品设计就是通过改进工艺设备或开发全新工艺流程，促进生产原料循环利用，加强资源综合利用，调整优化产品结构，搞好末端清洁治理，从而使废弃物最少排放或消失在生产过程中。

（2）选择环保材料。环保材料一般被定义为"那些具有良好使用性能，与环境具有良好协调性的材料"。其实质就是对资源和能源消耗少，对生态环境影响小，可以再生利用或降解使用，并且具有优质使用性能的材料。选择环保材料应当遵循环境原则、质量原则和效益原则。所谓环境原则就是指选用的材料应能降低资源消耗和能耗，减少"三废"排放，并尽可能高地再循环利用等；所谓质量原则就是指选用的材料应能满足生产使用性能和质量要求；所谓效益原则就是指费用投入最小而利润最大。根据以上三个原则选择环境材料，能够实现经济效益与环境保护相结合这一目标。

（3）创建绿色基层队。按照有效性原则，突出清洁生产措施在基层的落实，开展绿色基层队建设活动，实施生产作业全过程环境管理。根据石油石化企业生产经营特点，结合当地环境质量和污染控制要求，在物探、钻井、井下作业、采油采气、管道施工、炼化装置、检维修作业等基层组织开展绿色基层队建设，按标准配备、使用环境保护设施，落实污染防治和生态保护措施，规范生产作业环境许可和环境保护监管，提高基层清洁生产执行力。

（4）开展循环经济试点。按照"资源、减量、利用"原则，合理规划项目布局，延长油气、炼化生产加工产业链，实施水资源梯级使用、中水回用，以及废水深度处理和再生利用，推进不同业务单位间资源的系统优化和废物的再利用，促进节能减排。开展石油石化企业循环经济试点研究，根据企业不同特点，设定建设绿色油田、生态工业园区等各具特色的循环经济试点方案和技术路线，探索石油石化企业循环经济实施模式。

第二节　应注意的问题

一、政府主导

我国油气资源型城市诸如大庆市这样的大城市，都是在计划经济时期由中央政府直接决定的，发展循环经济实现其可持续发展问题是一个涉及全局且涉及面很大的大系统工程，只有在中央政府与地方政府的直接介入和科学指导下才能解决好。为此，可考虑：一要给予油气资源型城市开采所辖区内石油天然气资源部分收益权、管理权、处置权；二要从整个国民经济发展和全国城市科学布局出发，对油气资源型城市发展循环经济实现可持续发展问题予以科学、有效指导；三要改革我国三大石油公司的管理方式，改变各油田企业"单一法人"制度，提升其国际竞争能力。

二、人才保障

马克思主义认为：人是现代生产力中最活跃的能动性因素。城市是以人为中心、满足人的需求而建立的区域性的政治、经济和社会组织系统。城市发展归根结底是人的发展，并取决于人的发展。同样，油气资源型城市的发展、油气资源型城市循环经济的发展、油气资源型城市的可持续发展也完全依赖于城市中的每个人。因此，循环经济系统有效运行的关键是要有一支由高级技术人才、高级经营人才、高素质循环经济推进人才和高级职业技术人才组成的人才队伍。特别是要重视高素质的循环经济推进人才的培养和使用。循环经济推进人才是循环经济发展的关键。为此，应做到以下两个方面：一要加快循环经济发展所需人才培养。通过各类研修班、邀请海外知名学者讲学、在国内高校设置循环经济专业或课程等进行多层次、多渠道、多形式教育，学习循环经济技术和管理方法，提高应用能力。二要完善人才激励机制，充分调动各类人才的积极性、创造性。建立知识要素参与分配的激励机制，采用多种分配形式实现知识资本化，如技术入股、管理入股、股票期权、创业股吸引人才创业，以人才推动循环经济发展；加强对党政干部抓科技进步和抓人才队伍建设的考核，形成各部门密切配合，相互牵动的科技、人才社会联动机制。对于在发展循环经济方面做出突出贡献的人员，政府应给予奖励。

三、创新城市发展思维

创新是一个民族进步的灵魂，也是中国发展的第一要务。鉴于油气资源型城市畸形的产业结构和单一的经济结构发展瓶颈，特别是面临着资源渐趋枯竭导致油气资源产业难以为继的严峻问题，我国油气资源型城市唯有不断地创新、创新、再创新，才能以不变应万变，才能持续地发展与壮大。创新的重点在于观念、制度、人才、技术、营销、管理等方面，特别是技术创新、管理创新。所谓技术创新是创新主体应用创新的知识和新技术、新工艺，采用新的生产方式和经营管理模式，提高产品质量，开发生产新的产品，提供新的服务，以占据市场并实现市场价值的活动过程。生态化技术创新是以保护环境和减少污染，持续利用资源，实现资源的减量化，提高产品的非物质性的技术创新。在此重点关注产品技术创新及其形成知识产权（专利）的过程，因为只有创新结果转化成为专利并且能够有效实施，才能为循环经济的持续发展提供条件。在技术创新过程中，必然伴随着发明创造的产生和专利的形成。企业在技术创新过程中产生的专利只有通过实施，才能为该企业带来很好的经济效益。所谓管理创新是指油气资源型城市应该以切实满足城市人需求为出发点，以经营城市为中心，切实转变政府职能：从下指令批项目转到提供简捷、透明、高效一站式服务；从注重拉项目招商引资转为更注重为入驻企业营造良好的经营环境，协助解决经营中遇到的问题，使其得以长期稳定发展；从管企业转到管市场，管市场运行规则，为企业服务，培养强势企业；从号召企业减员增效转到帮助企业发展更多地吸纳就业人员；建立一整套高效行政的运行机制，提高政府官员的素质，提高行政能力、行政水平、行政效率，建立市民监督制度，保证依法行政；建立起全面开放、监管有序、功能完备、运转高效的城市市场体系。近年来，我国一些油气资源型城市开始尝试产业结构调整与经济转型，努力探索资源型城市可持续发展和区域经济协调发展之路，特别是大力拓展非油气产业，包括积极发展高新技术产业、环保产业现代服务业和旅游业等，取得了可喜成绩，积累了宝贵经验，如 2008 年大庆已从昔日的油城升格为现在的绿色之都、旅游魅力之城。应当指出：观念创新是先导，制度创新是保障，营销创新是核心，技术创新是条件，管理创新是关键，人才创新是根本。

四、重视油气资源型城市新能源开发与利用问题

按照科学发展观的要求，在油气资源型城市发展新能源产业，推动循环经济建设，可以以开发新能源这个系统工程为重点，有效整合城乡资源，如生物质能资源，带动资源所在地农村、林区与牧区的经济发展。同时，油气资源型城市发展新能源产业，还可以为本区域广大居民提供充足的能源供应，造福一方百姓，促进区域经济社会发展。更为重要的是，新能源产业在油气资源型城市的发展，可以使这些城市摆脱靠单纯地索取自然资源而生存的局面，在人与自然处于和谐关系的状态下，以符合自然生态的循环利用的方式为自己找到永续发展的动力。因此，从科学发展观的高度来看，油气资源型城市发展新能源产业推动循环经济

建设的工作，不仅是一种对付资源枯竭的应急之举，更是一条走向全面、协调、可持续的发展之路的必要途径。但是，由于存在着技术上的不成熟性和市场的不确定性，新能源开发在一开始将难以形成规模经济效益。因此，油气资源型城市开发利用新能源推动循环经济发展需要得到有关方面强有力的政策支持，政府应及时制定相关政策与法规。在新能源政策与法规方面，一些西方发达国家的经验值得借鉴。如美国国会通过的《2009年美国绿色能源与安全保障法》规定，美国的电力公司、石油企业和大型制造业企业必须设定减排目标，进行排放量交易。该法案要求风能、生物能、太阳能和地热等可再生能源所产生的电力要在电力公司的发电量中占到一定的比例。在行业能效方面，该法案要求美国能源部制定出行业能效的标准。法案还制订了奖励方案，鼓励创新，提高热电联产工艺的效率。法案根据以市场为导向的原则制订了一个减排方案，以每年的二氧化碳排放量在25000吨以上的电力事业单位、石油公司、大型企业等企业单位为对象，实施排放交易权制度，促使这些单位大幅度减排温室气体。日本于2008年秋开始进行"排放交易国内综合市场的试验"，试行"排放量交易机制"，由企业自主设定减排目标，进行减排额和减排证书的交易，以实现减排目标。在鼓励新能源开发与利用方面，首先，我国政府可以运用财政、税收组合政策进行政策支持。在财政政策上，应该考虑设立有关新能源开发的专门基金，用于支持技术研发、推广应用等活动，对开发商、制造商提供优惠的贷款，对新能源经营者提供必要的补贴。在税收上，应该考虑在一定期限内对新能源的生产、经营企业的增值税、所得税等方面给予减免优惠。同时，也应出台环境税、资源税等新的税种，为清洁能源的开发利用提供一个与其他能源产业进行公平竞争的环境。其次，政府可以参考国外经验，制订企事业单位减排方案，实施排放温室气体交易权制度，以市场为资源配置的基础，让积极开发新能源推动循环经济的石油资源型城市获取更好的经济效益。排放交易权制度的推行，可以使新能源的提供者获得稳定的、可靠的经济收益，避免因人为因素出现难以为继的结果。最后，政府各相关部门在提供政策支持上需要协同配合。农业部门应该鼓励农村利用低质地种植木薯、甜高粱等能源植物，为生产燃料乙醇提供原料；种植木本油料植物，为生产生物柴油提供原料。在具体措施上，可以考虑对种植新能源作物提供适当的补贴。可以借鉴美国政府出资1亿美元建立"国家生物质能源技术研发中心"

的经验，由政府出资，在国家层面上成立全国性的新能源研发机构，为新能源开发提供支持。当然，应积极开展新能源技术创新。如果技术落后，那么必然会导致经济效益低下、成本过高，新能源开发与利用就无法持续下去。我国新能源技术研发起步晚、投入小，在世界上还处于较为落后的水平。因此，根据中国国情选择适当的研究对象，在技术研发上重点攻关，取得技术上的突破，是推动新能源产业发展中的当务之急。在循环经济建设中，油气资源型城市只有根据自身的优势与特点，选择适当的新能源项目，进行技术创新，方能大有可为。清华大学倪维斗院士提出了在发展新能源中开发二甲醚（DME）的建议，这值得加强循环经济建设时油气资源型城市经营管理者所借鉴。此外，应逐步推动油气资源型城市新能源产业集群发展，不断提高产业规模经济效益和社会效益。

五、提升城市管理绩效

油气资源型城市循环经济发展问题是对由线性经济转为循环经济的有效管理问题。为此，应把握：①循环经济的管理主体涉及政府、企业、公众等。政府主要以市场为导向负责制定城市循环经济的公共发展规划，企业以市场机制负责制定本身的循环经济规划，公众自觉实现绿色消费模式。②循环经济管理的客体可以针对要素管理：一是资源要素管理。通过建立企业、产业、城市之间的紧密联系，制定和实施资源政策，促进副产品交流，能量多级利用和水资源循环利用，提高资源利用效率，促进物质循环功能的实现。二是信息要素管理。有效完整的信息是实现物质循环的保障。通过建立城市信息交流平台，为企业、产业等不同循环层面提供物流信息、市场信息、技术信息等。三是环境要素管理。环境管理是各级物质循环管理均涉及的一个重要管理领域。通过制定环境规划和充分实施环境法律、法规来指导和监督企业的环境行为，引导企业和社会行为的环境友好方向，并公开环境信息，创造社会范围的监督机制。提高资源效率和改善环境质量。四是公共要素管理。通过提供共享环境管理、共享信息服务、共同培训，共同交通与共用基础设施等服务，拓展共享服务领域可以获得极大的资源节约，并减少环境影响。③循环经济发展管理的方式。循环经济发展管理的方式可采用分层管理：一是企业循环系统管理。传统企业物流管理从原料采购开始，终止于消费者手中，企业输出主产品，副产品作为废物处理。物质循环规划要求企业物流管理延伸到废弃产品的回收领域，开发副产品，使企业走出内部物流管理模式，实现与消费者或者其他企业的合作管理。因此，企业物质循环管理需要参与产业循环和城市循环相结合。二是产业循环系统管理。产业循环管理要针对物流管理与物质循环管理，包括确定产业环境管理目标、公共设施管理、维持副产品交流，以及公共培训与人力资源管理，并向产业内企业（或生态产业园区内企业）提供信息服务等。产业循环管理应以共同环境目标为指导，以副产品交流为手段，通过开展共同环境管理，共享服务与设施，提供物质流信息及相关的人力资源培训等，促进生态产业园区功能的完善。三是市域循环管理。城市循环管理除具有部分产业循环管理职能，如副产品交流、提供物质流信息，甚至是公共培训等外，还需提供共享基础设施，同时要协调企业之间、企业与产业之间、产业之间的副产品交流，并提供广泛的物质流信息。四是区域循环管理。区域循环要充分利用区域内城市、产业的优势，通过制度建设、激励机制、金融效力，实现物质闭合循环，提高资源效率。

第三节　若干重要建议

一、克服传统思维模式束缚

长期以来，我国油气资源型城市经济沿着传统经济增长理论指导下的线性经济道路而发展，其结果：大量开发资源—大规模生产—大量消费—大量产生废物的线性经济模式，使经济长期处于高投入、高消耗、高排放、不协调、难循环、低效率的粗放型发展方式，导致资源消费高、利用率低、生态环境恶化等一系列严重问题。油城大庆就是证明。因此，如何摆脱传统的粗放式线性经济模式，走资源综合利用、循环利用的可持续发展道路，不仅是油气资源型城市当前和今后科学发展、和谐发展、又好又快发展的首要问题，也是我国实现现代化目标的一个关键问题。

二、正确处理循环经济与可持续发展关系

油气资源型城市发展循环经济与可持续发展两者并不矛盾。一方面，循环经济体现了可持续发展的核心思想：以人为本、人与自然的和谐发展，以及人类社会的长期性发展；另一方面，循环经济与可持续发展的目标是一致的，都强调兼顾发展效益与生态效益。

三、因城而异，循序渐进，持续改进，追求卓越

油气资源型城市发展循环经济，一方面，应从各个油气城市实际情况出发，对症下药，有的放矢，确保发展落到实处，干出实效，切勿走过场、走形式或浅尝辄止。另一方面，应遵守客观规律，循序渐进、持续改进、追求卓越，不断提升城市经营绩效与管理水平。

四、充分借鉴国内外循环经济发展的宝贵经验

古语云："它山之石，可以攻玉。"借鉴成功者的先进做法有助于我国油气资源型城市少走弯路，获得又好又快发展。为此，要加强同国内外知名油气城的交流合作，通过参观、学习、走访、调研、合作等手段，借鉴发展经验和管理经验，提高自身竞争力。

五、依托高新技术，升级传统产业，培育和提高油气资源型城市核心竞争力

现代城市竞争的实质是核心竞争力的较量。缺失核心竞争力的城市难免落伍。油气资源型城市发展好坏归根结底取决于是否具有核心竞争力。因此，在油气资源型城市循环经济发展的进程中，务必依托高新技术，升级传统产业，培育油气资源型城市核心竞争力。

在油气资源型城市循环经济发展的进程中，油气城市应该逐步学会借力，特别是要加强产业技术创新战略联盟。产业技术创新战略联盟是同行业内企业、科研院所之间以追求技术研发为其战略目标的战略联盟，是技术开发联盟在产业层面的拓展。实践证明，加强产业技术创新战略联盟，有助于逐步提高油气资源型城市核心竞争力。

六、重视循环经济理念的宣传，提高全社会的参与意识

深入开展形式多样的宣传教育活动，提高油气资源型城市经营管理者特别是各级领导干部对发展循环经济重要性和紧迫性的认识，积极提倡绿色消费观和价值观，在发展思路上逐步改变重开发、轻节约，重速度、轻效益，重外延发展、轻内涵发展，片面追求 GDP 增长，忽视资源和环境协调发展的倾向。引导油气资源型城市树立起循环经济的发展理念，增强全社会的资源忧患意识和保护环境的责任意识，使公众自觉自愿地选择有利于环境的生活方式和消费方式。全面普及循环经济基本知识，将树立资源节约和环境保护意识的相关内容纳入学校教育范围。油气资源型城市上下都要统一思想，转变观念，把思想统一到创新转型、绿色发展上来，统一到生态文明建设上来，统一到构建美丽中国上来。

第十章　研究结论

　　油气资源型城市是提供我国石油天然气能源物资的主体、以油气开采业为支柱产业的城市，它是资源型城市的重要组成部分，为我国经济和社会的发展做出了重大贡献。但是，油气资源型城市同时也面临着矿竭城衰和生态环境破坏严重等问题。因此，研究绿色发展理念下油气资源型城市发展问题（特别是其可持续发展路径）已迫在眉睫。

　　本书在查阅、整理并借鉴前人有关资源型城市发展研究成果的基础上，试图从运用循环经济、城市管理学等理论解决我国油气资源型城市发展重大现实问题的应用角度出发，揭示我国油气资源型城市循环经济的内涵和特征，并在此基础上进一步诊断分析现状、构建系统框架、评价方法及应用实施三大问题。

　　经过近五年的资料检索、思路整理和观点提炼，以精简、系统、实用为原则，整个科研工作形成如下探索成果和研究结论。

　　（1）如何科学发展我国油气资源型城市，实现又好又快发展、和谐发展、可持续发展，事关其生存与发展，事关其命运与前途。基于文献理论述评，项目研究人员提出：发展循环经济、实现可持续发展是我国油气资源型城市发展的必然归宿和永恒主题。

　　（2）作为可持续发展的一种新模式、新思维，循环经济可以解决资源型城市在线性经济发展过程中出现的矛盾和问题，实现经济、社会、资源和环境的协调发展。因此，如何将循环经济理论与油气资源型城市发展相结合是油气资源型城市面临的首要任务。

　　（3）油气资源型城市有其具体特性，为我国经济和社会的发展做出了重大贡献，但是由于历史、现实、主客观等原因，这些城市将面对着畸形的产业结构和单一的经济结构发展瓶颈，特别是面临着资源渐趋枯竭、油气产业难以为继的严峻形势与发展现状。

（4）构建油气资源型城市循环经济系统，是推进油气城市可持续发展的必然选择。油气资源型城市循环经济系统是一个综合的概念，人口、资源、环境、经济、社会与科学技术是系统构成的基本要素或者维度，它们之间相互联系、相互制约，共同组成了一个复合系统，主要涉及绿色产业系统、基础设施系统、技术支撑系统和社会保障系统等。当然，除了构建系统，也离不开一套行之有效的循环经济发展评价体系。在坚持正确构建原则前提下，基于循环经济理论、可持续发展理论和油气资源型城市系统的特性，可建立油气资源型城市循环经济评价体系及评价方法，如层次分析法（Analytic Hierarchy Process，AHP）与模糊综合评判法等。

（5）油气资源型城市发展循环经济是一项系统工程，既需要全盘考虑，更需要统筹协调。除了厘清发展思路、把握重点产业外，油气资源型城市经营管理者还需要在实践中制定有效的发展战略、发展策略及一般模式，包括产业转型与结构调整，大力发展非油气业，使资源型城市演变为综合性城市；通过构建生态企业群、生态产业园，发展区域循环经济，使资源型城市演变为生态城市；通过提高现有资源利用效率、节能减排降耗，打造节约型城市；通过寻找发现并开发利用新兴资源，依托高科技延长资源型城市的生命周期，构建科技型城市，并在此过程中发展循环经济，实现可持续发展等。

从某种意义上说，油气资源型城市发展循环经济的关键是发展油气循环经济问题。所谓油气循环经济，是指以石油、天然气、油气生产伴生物，以及油气生产、储运等环节的生产资料等多种资源的低消耗、高利用和废弃物的低排放为核心内容，按照减量化、再利用、再循环的原则开发石油天然气的经济发展模式。

（6）在上述研究的基础上，以循环经济理论为指导、以可持续发展为最终目标，研究人员提出了我国油气资源型城市应用实施方案，包括科学研究，制定循环经济发展的总体规划；大力宣传，引导公众树立循环经济的新理念；健全立法，加大政府对循环经济的政策扶持；建立技术体系，为循环经济的发展提供有力的技术支持；引导循环消费，以循环经济的发展模式建设现代节约型城市；创建生态工业园区，坚持试点示范和不同层面的有序推进等，最后指出了实施中应注意的若干问题，并给出了若干建议。

应当指出，本书成果，直面油气资源渐趋枯竭、油气产业难以为继的严峻形势，紧密结合我国油气资源型城市的具体特性与发展现状，基于循环经济和可持续发展理论，提出了油气资源型城市循环经济系统构建、评价体系、评价方法、应用模式及实施方案，具有理论上的前瞻性和实践中的可操作性。随着该成果的逐步推广与应用，将会给我国油气资源型城市提供良好的参考与借鉴，将会产生重要的经济效益和社会效益。

附　录

调查问卷

油气资源型城市发展调查问卷（政府层面）

　　为了研究探明我国资源型城市的民众对当地城市发展的认知情况，促进我国油气资源型城市的顺利转型和循环经济的健康发展，我们特此制作此份问卷用以调查。我们衷心恳请得到您的支持与合作。请您给予大力支持与配合。非常感谢！

　　本问卷采用不记名的随机访问方式，调查样本结果不出现任何个人信息。

　　所在城市名称：　　　　　　　　请在下面所选选项下做标记，空格处填写相关内容。

一、基本信息篇

　　1. 您的性别：（1）男　　（2）女

　　2. 年龄：（1）15~20岁　　（2）21~30岁　　（3）31~45岁　　（4）46~60岁（5）60岁以上

　　3. 文化程度：（1）高中及以下　　（2）大专及本科　　（3）硕士　　（4）博士及以上

4. 职务：（1）政府基层公务员　　（2）政府基层管理　　（3）政府中高层管理

5. 您家庭年收入：（1）3万元内　　（2）3万～6万元　　（3）7万～15万元

（4）16万～25万元　　（5）26万元以上

6. 请您为自己平时节约用水、电、气的实际行动的积极性打分：

很不满意	1	2	3	4	5	6	7	8	9	非常满意

7. 您家人口数：_____；男女比例为：_____。

二、城市循环经济发展篇

1. 您平时主要关注本城市发展的哪些方面？

（1）经济　　（2）文化　　（3）环境　　（4）政策　　（5）其他

2. 下列非自然因素中，制约城市发展首要三因素是：

（1）资金　　（2）技术　　（3）人才　　（4）市场　　（5）产业结构

（6）科技发展水平

3. 您觉得该市有哪些发展优势？（可多选）

（1）油气资源丰富　　　　（2）人力资源丰富　　　　（3）区位优势明显

（4）文化底蕴深厚　　　　（5）农业发达　　　　（6）科技水平高

（7）其他，如_____

4. 您认为制约该城市发展的主要因素是：（可多选）

（1）人口众多　　　　　　（2）环境破坏严重　　　　（3）水资源匮乏

（4）交通不发达　　　　　（5）产业结构不合理　　　（6）科技水平较低

（7）其他，如_____

5. 您觉得在人才培养和引进方面，本城市面临的最大的三个挑战是：

（1）大学数量少质量不高　　　　　　（2）吸引力小

（3）人才引进体制有问题　　　　　　（4）教育投资有限

（5）企业不善招揽人才　　　　　　　（6）其他

6. 您认为大力发展民营企业，减低大型国企在当地GDP中所占比例有利于城市长远发展吗?

    （1）十分有利　　　　　　（2）比较有利　　　　　　（3）一般

    （4）不利　　　　　　　　（5）不确定

  7. 您对本城市环境发展现状满意吗?

很不满意	1	2	3	4	5	6	7	8	9	非常满意

  8. 本市植被覆盖率你满意吗?

很不满意	1	2	3	4	5	6	7	8	9	非常满意

  9. 城市附近土地有无坍塌现象?（1）有　　（2）没有

  10. 水土流失严重吗?

    （1）很严重　　　　　　　（2）比较严重　　　　　　（3）有限流失

    （4）基本没有　　　　　　（5）不清楚

  11. 您觉得该市的石油资源有无存在资源过度开采问题?

    （1）很严重　　　　　　　（2）不是很严重　　　　　（3）基本没有

    （4）不清楚

  12. 如果石油资源开发殆尽，您觉得本市主要能源将由什么取代?

    （1）电能　　　　　　　　（2）太阳能　　　　　　　（3）核能

    （4）生物能源　　　　　　（5）其他

  13. 该市实行产业转型可以从哪几个产业入手?

    （1）新能源　　　　　　　（2）物流业　　　　　　　（3）文化旅游业

    （4）新材料　　　　　　　（5）信息产业　　　　　　（6）餐饮服务业

    （7）其他

  14. 您认为本市市民的环保意识强烈程度为:

很低	1	2	3	4	5	6	7	8	9	非常高

  15. 该市有无以下环保组织或活动?

    （1）环保协会　　　　　　（2）年度环保主题活动　　（3）有环保日

    （4）环保主题公园　　　　（5）无

16. 本市建设"循环经济"社会过程中，政府应起的作用是：

（1）主导作用　　　　　　（2）引导作用　　　　　　（3）辅助作用

（4）其他作用

17. 您认为循环经济的发展能够给市民带来的好处是：（可多选）

（1）收入增加　　　　　　（2）子孙长久利益　　　　（3）生活环境改善

（4）节省成本　　　　　　（5）改善生活习惯　　　　（6）其他

18. 本市有_____个循环经济生态工业园，实施效果较好的是：（名称）

19. 该市宣传循环经济方式有：（多选）

（1）广播　　　　　　　　（2）电视　　　　　　　　（3）报纸

（4）书刊　　　　　　　　（5）网络　　　　　　　　（6）公益广告

（7）其他

20. 您认为阻碍循环经济发展的主要障碍是：（可多选）

（1）公众意识淡薄　　　　（2）缺少政策指引　　　　（3）缺少监督手段

（4）缺少激励政策　　　　（5）缺少惩罚机制　　　　（6）其他

21. 您认为实施循环经济最有效的手段是：（可多选）

（1）市场调节　　　　　　（2）政府宏观调控　　　　（3）提高公众意识

（4）政策指引

您的建议：

22. 该市有无开展循环经济评价工作？（1）有　　（2）没有

23. 循环经济评价工作是由什么部门完成的？_____效果如何？

24. 您认为该市发展循环经济评价应从以下哪几个方面入手？

（1）环境保护　　　　　　（2）经济水平　　　　　　（3）资源利用

（4）循环利用　　　　　　（5）节能减排　　　　　　（6）社会因素

（7）其他

25. 您认为您还能为循环经济的发展做到_____

_____。

26. 您为该市开展循环经济评价工作给的建议是_____。

再次感谢您的参与！

油气资源型城市发展调查问卷（针对企业）

　　为了研究探明我国资源型城市的民众对当地城市发展的认知情况，促进我国油气资源型城市的顺利转型和循环经济的健康发展，我们特此制作此份问卷用以调查。我们衷心恳请得到您的支持与合作。请您给予大力支持与配合。非常感谢！

　　本问卷采用不记名的随机访问方式，调查样本结果不出现任何个人信息。

　　所在城市名称：　　　　　　请在下面所选选项下做标记，可以打"√"或其他方式。

一、个人基本信息篇

　　1. 您的性别：（1）男　　　　（2）女

　　2. 年龄：（1）15～20岁　　（2）21～30岁　　（3）31～45岁　　（4）46～60岁（5）60岁以上

　　3. 文化程度：（1）中小学及以下　　（2）大中专　　（3）本科　　（4）硕士（5）博士及以上

　　4. 职业：（1）油气企业普通工人　　（2）油气企业基层管理　　（3）油气企业中高层管理　　（4）非油气企业普通工人　　（5）非油气企业基层管理　　（6）非油气企业中高层管理　　（7）其他

　　5. 您个人年均收入：（1）3万元内　　（2）3万～5万元　　（3）6万～10万元（4）11万～20万元　　（5）20万元以上

　　6. 您家庭年收入：（1）3万元内　　（2）3万～6万元　　（3）7万～15万元（4）16万～25万元　　（5）26万元以上

　　7. 您一家人平均每月用水、电、气费分别是＿＿＿＿、＿＿＿＿、＿＿＿＿。

　　8. 请您为自己平时节约用水、电、气的实际行动的积极性打分：

很不积极	1	2	3	4	5	6	7	8	9	非常积极

9. 您一家人平均每月用食用油、汽油量分别是_____、_____。

10. 您家居住面积为_____；您家拥有私车数量_____；您家有入网电脑吗？_____。

11. 您家人口数：_____；男女比例为：_____。

二、企业循环经济发展篇

1. 所在单位性质是：（1）国企　（2）私企　（3）外企　（4）其他

2. 以下哪项制约本企业发展首要因素？（1）资金　（2）技术　（3）人才（4）市场　（5）科技水平　（6）其他

3. 您认为大力发展民营企业，降低大型国企在当地 GDP 中所占比例有利于城市长远发展吗？

（1）十分有利　（2）比较有利　（2）一般　（3）不利　（4）不确定

4. 您认为有必要加大工业行业内循环经济发展力度吗？（1）有必要　（2）没必要　（3）无所谓

5. 您所在公司消耗的主要能源是：（1）电能　（2）天然气　（3）太阳能（4）其他

6. 本企业的单位 GDP 能耗（或单位产品能耗）为_____；企业总能耗：_____。

7. 本企业的单位 GDP 水耗（或单位产品水耗）为_____；企业总水耗：_____。

8. 本企业的工业固废综合利用率为_____；工业用水重复利用率为_____。

9. 本企业对周围居民造成负面影响最明显的三项是：

（1）废液、废气、废固影响　　　　　（2）气味影响

（3）噪声污染　　　　　　　　　　　（4）水污染

（5）空气污染　　　　　　　　　　　（6）其他

10. 本企业开展节能工作的难点主要是哪些方面？

（1）节能技术开发推广困难　　　　　（2）节能意识不高

（3）政策落实不到位　　　　　　　　（4）其他

11. 本企业在推进循环经济方面的态度或努力程度为：

很不积极	1	2	3	4	5	6	7	8	9	非常积极

12. 本企业有循环经济相关的政策或规定吗？ （1）有 （2）没有
（3）不知道

13. 企业有节能方面的激励措施吗？（1）有 （2）没有 （3）不知道

14. 企业有无专门负责推进循环经济开展工作的机构？（1）有 （2）没有
（3）不知道

15. 企业有评价循环经济实施效果的指标或体系吗？（1）有 （2）没有
（3）不知道

16. 如果企业有循环经济的评价指标或体系，请为其实施效果打分：

零分	1	2	3	4	5	6	7	8	9	满分

17. 如果要加强循环经济的宣传力度，您认为以下哪种方式最有效？

（1）广播 （2）电视 （3）报纸

（4）书刊 （5）网络 （6）标语或公益广告

（7）企业产品宣传 （8）其他

18. 您认为阻碍循环经济发展的主要障碍是：（多选）

（1）公众意识淡薄 （2）费用高 （3）法规缺失

（4）监督缺失 （5）激励惩罚机制缺失 （6）其他

19. 为了所在城市的可持续发展，您认为本市企业最应该发展的可再生能源
是哪种？

（1）太阳能 （2）风能 （3）核能

（4）生物能 （5）地热能 （6）其他，如_____

20. 您认为企业实施循环经济最大困难是：_____。

21. 您认为实施循环经济最有效的手段是：

（1）市场调节 （2）政府宏观调控 （3）提高公众意识

（4）不知道

您的建议：_____。

22. 你为企业发展循环经济给的建议是_____。

23. 你为企业开展循环经济评价工作给的建议是_____。

再次感谢您的参与！

油气资源型城市发展调查问卷（针对市民）

为了研究我国油气资源型城市的普通民众对当地循环经济发展的认知情况，促进我国油气资源型城市的顺利转型和循环经济的健康发展，我们特此制作此份问卷用以调查。我们衷心恳请得到您的支持与合作。请您给予大力支持与配合。请在所选选项下做标记（打"√"或其他方式）、空格处填写相关内容，非常感谢！

本问卷采用不记名的随机访问方式，该问卷不出现任何个人信息。所在城市：

一、答卷人基本情况

1. 您的性别：（1）男　　　（2）女

2. 年龄：（1）15~20岁　　（2）21~30岁　　（3）30~45岁　　（4）46~60岁（5）60岁以上

3. 文化程度：（1）中小学及以下　　（2）大中专　　（3）本科　　（4）硕士（5）博士及以上

4. 从事职业：（1）公务员或事业干部　　（2）石油企业工作人士　　（3）非石油企业工作人员　　（4）学生　　（5）教师科技工作者　　（6）农民工　　（7）退休人员　　（8）自由职业者　　（9）其他

5. 个人年均收入：（1）3万元内　　（2）3万~5万元　　（3）6万~10万元（4）11万~20万元　　（5）21万元以上

6. 家庭年收入：（1）3万元内　　（2）3万~6万元　　（3）7万~15万元（4）16万~25万元　　（5）26万元以上

7. 您家人口数：_____；男女比例为：_____。

8. 您一家人平均每月用食用油、汽油量分别是_____、_____。

9. 您家居住面积为_____；您家拥有私车数量_____；您家有入网电脑吗？_____。

10. 您一家人平均每月用水、电、气费分别是_____、_____、_____。

二、循环经济调查问卷

1. 在此之前，您听说过"循环经济"吗？（1）听说过　　（2）没有听说过　（3）不关心

2. 如果您听说过"循环经济"，您第一次是从什么渠道听说的？

（1）广播　　　　　　　　（2）电视　　　　　　　　（3）报纸书刊

（4）网络　　　　　　　　（5）标语或公益广告　　　（6）企业产品宣传

3. 您知道循环经济的"3R"原则吗？（1）知道　　（2）不知道

4. 您的小区是否有过"循环经济"的宣传或开展过此类活动？（1）有　（2）没有

5. 您家电能主要耗在什么地方？

（1）电视及照明　　　　　（2）做饭烧水　　　　　　（3）空调、洗衣机

（4）电脑　　　　　　　　（5）其他

6. 为了本城市可持续发展，您认为本市最应该发展的可再生能源是哪种？

（1）太阳能　　　　　　　（2）风能　　　　　　　　（3）核能

（4）生物能　　　　　　　（5）地热能　　　　　　　（6）其他

（7）不知道

7. 您认为本城市哪些领域应该加大二次污染治理？

（1）石油化工企业　　　　（2）造纸厂　　　　　　　（3）污水处理厂

（4）化工行业　　　　　　（5）其他

8. 您认为开展节能工作的难点主要是哪方面？

（1）节能技术开发推广困难　　　　　（2）节能意识不够高

（3）政策落实不到位　　　　　　　　（4）能源价格普遍偏低

9. 您对本城市环境发展现状满意吗？

| 很不满意 | 1 | 2 | 3 | 4 | 5 | 6 | 7 | 8 | 9 | 非常满意 |

10. 您对城市的交通便捷性满意吗？

| 很不满意 | 1 | 2 | 3 | 4 | 5 | 6 | 7 | 8 | 9 | 非常满意 |

11. 本市植被覆盖率你满意吗？

| 很不满意 | 1 | 2 | 3 | 4 | 5 | 6 | 7 | 8 | 9 | 非常满意 |

12. 您认为该市产业结构合理吗？

（1）非常不合理 　　　　（2）有些失衡 　　　　（3）比较合理

（4）很合理 　　　　（5）不清楚

13. 您觉得在人才培养和引进方面，本城市面临的最大的三个挑战是：

（1）本地大学数量少且质量不高 　　　　（2）外来人才不够多

（3）人才引进体制有问题 　　　　（4）教育投资有限

（5）企业不善于招揽人才 　　　　（6）其他

14. 您认为大力发展民营企业，降低大型国企在当地 GDP 所占比例有利于城市长远发展吗？

（1）十分有利 　　　　（2）一般 　　　　（3）不利

（4）不确定

15. 在下列非自然因素中，哪个是制约城市发展的首要因素？

（1）资金 　　　　（2）技术 　　　　（3）人才

（4）市场 　　　　（5）产业结构 　　　　（6）科技发展水平

16. 您觉得该市石油资源有无过度开采问题？

（1）很严重 　　　　（2）不很严重 　　　　（3）基本没有

（4）不清楚

17. 该市有无生态工业园？

（1）有 　　　　（2）没有 　　　　（3）不清楚

18. 最能加强循环经济宣传和推广的媒介是：

（1）广播 　　　　（2）电视 　　　　（3）报纸

（4）书刊　　　　　　　（5）网络

19. 您觉得要建设循环经济社会，政府应起的作用是：

（1）主导作用　　　　　（2）引导作用　　　　　（3）辅助作用

（4）其他作用

20. 本市有鼓励循环经济发展的相关政策或法规吗？（1）有　　（2）没有

（3）不清楚

21. 您见过本市有关循环经济发展方面的激励措施吗？

（1）见过　　　　　　　（2）听说过但没见过　　（3）不知道

22. 您认为该市发展循环经济评价应从以下哪几个方面入手？

（1）环境保护　　　　　（2）经济水平　　　　　（3）资源利用

（4）循环利用　　　　　（5）节能减排　　　　　（6）社会因素

（7）其他

23. 如果愿意，您可以做到如下哪些事情呢？（多选）

（1）不使用一次性餐具

（2）购物时自己携带布袋，坚持不用塑料袋

（3）只购买"绿色环保"产品

（4）生活中尽量节水节电

（5）不随意扔垃圾，分类放置垃圾

（6）积极促进废品回收事业（如收集废电池、纸张）

（7）以主人翁意识鼓励周边人加入促进本市循环经济发展的队伍中来

24. 您认为实施循环经济最有效的手段是：

（1）市场调节　　　　　（2）政府宏观调控　　　（3）提高公众意识

（4）不知道

25. 您认为发展循环经济最大的阻碍是_____。

26. 您对该市发展循环经济的建议：_____。

再次感谢您的参与！

参考文献

［1］曹刚，王华．石油污染及治理［J］.沿海企业与科技，2005（3）：4–6.

［2］曹小琳，晏永刚．城市循环经济综合评价方法与实证评价［J］.科技管理研究，2008（8）.

［3］柴玲，任秀梅，施继坤．油气资源型城市循环经济发展模式的构建［J］.油气田地面工程，2006，25（6）：2–3.

［4］陈丽娜．区域循环经济的理论研究与实证分析［D］.武汉：武汉理工大学博士学位论文，2006.

［5］陈丽娅，李学林，南剑飞等．生态文明建设与循环经济研究［M］.北京：光明日报出版社，2011：32–36.

［6］褚莉．无依托资源型城市发展研究［D］.长春：东北师范大学硕士学位论文，2006.

［7］崔和瑞．基于循环经济理论的区域农业可持续发展模式研究［J］.农业现代化研究，2004，25（2）：94–98.

［8］崔磊．大庆油田开采对生态环境的破坏及应采取的措施［J］.黑龙江环境通报，2006（3）.

［9］崔迎龙，谷海峰，熊伟．新兴资源型城市发展循环经济的思考——以克拉玛依为例［J］.商场现代化，2009（4）：35–37.

［10］方宇–fn64的博客．循环经济［EB/OL］. http：//blog. sina. com. cn/ s/blog_ e0a2b54e0101fkbo. html.

［11］高峰．资源型城市（大庆）人力资源的现状与开发对策研究［D］.大

庆：大庆石油学院硕士学位论文，2005.

［12］贵州省邓小平理论和"三个代表"研究中心．我国生态文明建设的较早实践［J］．理论前沿，2007（24）．

［13］郭印，高连廷．影响我国循环经济发展的若干制约因素分析［J］．改革与战略，2008，24（2）：12－15.

［14］郭志仪，李志贤．西部油气资源型城市（镇）可持续发展形势及对策［J］．城市发展研究，2010（3）．

［15］国家发展改革委等．关于印发《循环发展引领行动》的通知［J］．墙材革新与建筑节能，2017（5）．

［16］国务院．关于印发循环经济发展战略及近期行动计划的通知——循环经济发展战略及近期行动计划［J］．中华人民共和国国务院公报，2013.

［17］胡承辉．生态系统理论在城市生态文明建设中的实践探究［J］．湖北林业科技，2014（12）．

［18］胡争光，南剑飞．产业技术创新战略联盟：研发战略联盟的产业拓展［J］．改革与战略，2010，26（10）：38－42.

［19］胡争光，南剑飞．产业技术创新战略联盟问题研究［J］．科技进步与对策，2011（2）：74－78.

［20］黄国亮，陈治亚．生态文明建设与循环经济发展［J］．宏观经济管理，2008（3）：16－18.

［21］黄鹍，陈森发，周振国．生态工业园区综合评价研究［J］．科研管理，2004（11）．

［22］菅书静．探究国外马克思主义与国外社会主义的差异［J］．学理论，2010（12）．

［23］李荣融．贯彻落实《清洁生产促进法》促进经济社会可持续发展——在贯彻实施《清洁生产促进法》座谈会上的讲话［R］．节能与环保，2002（12）．

［24］李王锋，张天柱．循环经济评价指标体系研究［J］．科学学与科学技术管理，2005（8）．

［25］李文，林求平．中国石油生态文明建设之路［J］．国家电网，2009（1）．

［26］李文．深刻认识我国经济发展新常态［N］．人民日报，2015－06－02

（007）.

　　［27］李学林，刁沙沙. 生态文明视域中的石油循环经济初探［J］. 西南石油大学学报（社会科学版），2009（1）.

　　［28］李学林，南剑飞. 石油资源型城市循环经济建设与新能源发展［J］. 云南社会科学，2011（1）：101 – 105.

　　［29］李学林，南剑飞. 四川石油产区生态文明建设与发展石油循环经济［J］. 研究报告，2009.

　　［30］李学林. 石油产区生态文明与循环经济建设［J］. 环境保护与循环经济，2009（4）：12 – 14.

　　［31］李学林. 油气生产环境污染与发展石油循环经济对策［J］. 中国人口·资源与环境，2009（3）（增刊）：30 – 33.

　　［32］刘淳. 资源型城市的转型与可持续发展［D］. 吉林：吉林大学硕士学位论文，2005.

　　［33］刘静茹. 大庆市循环经济及生态环保现状与对策研究［J］. 哈尔滨工业大学学报，2006，（5）：30 – 35.

　　［34］刘俊伟. 马克思主义生态文明理论初探［J］. 中国特色社会主义研究，1998（6）：66 – 69.

　　［35］刘力. 可持续发展与城市生态系统物质循环理论研究［D］. 长春：东北师范大学博士学位论文，2002.

　　［36］刘随臣，袁国华，胡小平. 矿业城市发展问题研究［J］. 中国地质矿产经济，1996（5）.

　　［37］罗洪群，王凤，南剑飞，何彬. 油气资源型城市的可持续发展机制［J］. 软科学，2011，25（10）：65 – 68.

　　［38］马荣. 德国循环经济的发展概况［J］. 中国环保产业，2005（5）：43 – 46.

　　［39］马信缘. 油气资源型城市节能减排评价指标体系与发展对策研究［D］. 成都：西南石油大学硕士学位论文，2012.

　　［40］孟丽莎，沈中华. 城市循环经济评价指标体系研究［J］. 科技管理研究，2008（4）：50 – 52.

［41］南剑飞，宋常清，王霞．油气资源型城市循环经济评价体系生成的可拓方法研究［J］．上海管理科学，2012（3）：24－28.

［42］南剑飞，宋常清，赵丽丽．油气资源型城市循环经济评价体系研究述评［J］．现代管理科学，2011（12）：70－72.

［43］南剑飞，宋常清．河南省濮阳市循环经济发展研究［J］．科研报告，2012.

［44］南剑飞，王增国，张东生．试论 TQM、HSE 与 TCS 融合［J］．天然气工业，2005，25（2）：190－193.

［45］南剑飞，赵丽丽，张鹏等．油气安全监督企业用户满意度测评研究［J］．上海管理科学，2008，30（6）：29－32.

［46］南剑飞，赵丽丽．基于盐都自贡的制盐老工业城市发展研究方略［J］．盐文化研究论丛（第六辑），2013（2）：155－159.

［47］南剑飞，赵丽丽．论石油企业顾客满意 CS 经营战略［J］．天然气经济，2004（1）：39－41.

［48］南剑飞，赵丽丽．企业经营业绩评价新指标体系的构建与分析［J］．商业研究，2003（2）：67－70.

［49］南剑飞，赵丽丽．实现油气资源型城市绿色发展［N］．经济日报，2018－08－23.

［50］南剑飞，赵丽丽．四川省达州市天然气化工规划项目诊断调研［J］．科研报告，2007.

［51］南剑飞，赵丽丽．四川省南充市化工园区循环经济产业发展研究［J］．科研报告，2011.

［52］南剑飞，赵丽丽．油气资源型城市建设与循环经济发展方略［J］．环境保护与循环经济，2014（12）：4－8.

［53］南剑飞，赵丽丽．油气资源型城市循环经济发展调查研究［J］．环境保护与循环经济，2015（9）：4－9.

［54］南剑飞，赵丽丽．油气资源型城市循环经济发展现状调查［J］．研究报告，2009.

［55］南剑飞．谈谈公众生态环境素养［N］．光明日报，2018－09－08.

[56] 南剑飞. 油气资源型城市循环经济研究框架探讨[J]. 资源环境与发展, 2011 (3): 32 - 38.

[57] 南剑飞. 钻井工程技术服务顾客满意度测评研究[J]. 天然气工业, 2003 (6): 155 - 158.

[58] 任秀梅, 施继坤. 大庆循环经济发展模式初探[J]. 大庆社会科学, 2006 (4).

[59] 申振东. 能源循环经济: 可持续发展的战略选择[J]. 科技进步与对策, 2006 (2): 95 - 98.

[60] 盛学良, 彭补拙, 王华, 董雅文. 生态城市指标体系研究[J]. 环境导报, 2000 (10).

[61] 史宝娟. 城市循环经济系统构建及评价方法研究[D]. 天津: 天津大学博士学位论文, 2006.

[62] 史方, 李兴春, 范巍. 石化企业发展循环经济的几点思考[J]. 油气田环境保护, 2008 (6).

[63] 宋常清. 油气资源型城市循环经济评价体系与发展对策研究[D]. 成都: 西南石油大学硕士学位论文, 2012.

[64] 苏欣, 王胜雷等. 油田伴生气利用对策及现状[J]. 天然气与石油, 2008 (2): 32 - 33.

[65] 孙克放. 加快发展低碳经济的步伐 增强转变生产方式的力度[J]. 住宅产业, 2010 (12).

[66] 孙磊. 煤炭企业循环经济发展模式与评价体系研究[D]. 济南: 山东科技大学硕士学位论文, 2007.

[67] 孙艳莉. 石油石化业该如何"循环"? ——《循环经济促进法》解读[J]. 中国石油石化, 2008 (10).

[68] 王朝全, 杨霞. 论循环经济的动力机制——德国经验及其对中国的启示[J]. 科学管理研究, 2008, 26 (6): 116 - 120.

[69] 王朝全. 论循环经济的动力机制与制度设计[J]. 生态经济, 2006 (8): 56 - 59.

[70] 王川红. 我国资源型城市转型协调研究[D]. 成都: 电子科技大学博士

学位论文，2009.

[71] 王飞儿．生态城市理论及其可持续发展研究[D]．杭州：浙江大学博士学位论文，2004.

[72] 王建安．论生态文明与环境保护的内在统一性[J]．环境与发展，2014（12）：42-45.

[73] 王琳．资源型城市经济转型研究[D]．兰州：兰州大学硕士学位论文，2007.

[74] 王青云．资源型城市经济转型研究[M]．北京：中国经济出版社，2003.

[75] 王帅．高新技术改造传统资源型产业的哲学基础及模式研究[D]．合肥：合肥工业大学硕士学位论文，2008.

[76] 王婷琳．油气资源型城市转型发展战略研究[J]．小城镇建设，2017（6）.

[77] 王艳秋，朱兆阁．油气资源型城市产业转型的博弈模型[J]．辽宁工程技术大学学报（社会科学版），2008，10（6）：593-595.

[78] 王艳秋．构建循环经济模式，实现大庆经济可持续发展[A]．2005年发展循环经济研讨会论文集[C]．哈尔滨：哈尔滨地图出版社，2005.

[79] 王正平．深生态学：一种新的环境价值理念[J]．上海师范大学学报（哲学社会科学版），2000（4）：1-14.

[80] 吴佩君．生态美学之规约——论新型城镇化背景下生态城市美育观的培植[J]．长春师范大学学报，2015（3）：20.

[81] 吴鹏飞．东营市城市循环经济发展模式实证研究[D]．济南：山东师范大学硕士学位论文，2012.

[82] 新华社．中共中央关于全面深化改革若干重大问题的决定[J]．中国合作经济，2013，34（11）：7-20.

[83] 徐毅．中国石油重庆销售分公司用户满意度评价体系研究[D]．成都：西南石油学院硕士学位论文，2005.

[84] 杨立新，屠凤娜，夏华．生态文明建设指向的产业发展问题[J]．环渤海经济瞭望，2008（2）.

[85] 叶春涛．马克思主义生态观与生态文明建设[D]．芜湖：安徽师范大学

硕士学位论文，2007.

［86］伊勇．大庆油田开采过程中生态环境保护的研究［D］.大庆：东北石油大学硕士学位论文，2014.

［87］余晓钟．石油企业循环经济发展水平系统评价研究启示［J］.当代石油石化，2010（12）：28－33.

［88］袁红莉，杨金水，工占生．降解石油微生物菌种的筛选及降解特性［J］.中国环境科学，2003，23（2）：157－161.

［89］云光中．资源型城市产业发展新模式研究［D］.武汉：武汉理工大学博士学位论文，2012.

［90］张坤．循环经济理论与实践［M］.北京：中国环境科学出版社，2003.

［91］张颖．石油资源型城市产业结构转换研究——以河南省濮阳市为例［J］.河南石油，2006（3）.

［92］赵家荣．采取切实措施加快推行清洁生产［N］.人民日报，2003－01－31.

［93］赵家荣．清洁生产回顾与展望［J］.节能与环保，2003（2）.

［94］赵金铎．技术创新促进区域循环经济发展的评价研究［D］.天津：天津大学博士学位论文，2009.

［95］赵丽丽，南剑飞，王成武．试论我国矿业城市可持续发展问题［J］.东北大学学报（自然科学版）2004，25（21）：48－50.

［96］赵丽丽，南剑飞．南充化工园循环经济产业发展研究［J］.工业安全与环保，2015（11）：95－98.

［97］赵丽丽．油气资源型城市循环经济研究述评［J］.兰州大学学报（自然科学版），2009，45（6）：100－103.

［98］赵秀峰．资源型城市产业延伸与扩展［J］.世界有色金属，2001（4）：42－45.

［99］中央政治局会议审议《生态文明体制改革总体方案》《关于繁荣发展社会主义文艺的意见》［J］.实践：党的教育版，2015（10）：7－7.

［100］周国梅，彭吴，曹凤中．循环经济下生态效率指标体系［J］.城市环境与城市生态，2003（12）：201－203.

［101］周勇．我国资源型城市产业转型模式研究［D］．北京：首都经济贸易大学硕士学位论文，2007．

［102］朱明峰，冯少茹，潘国林．资源型城市可持续发展与生态城市建设［J］．合肥工业大学学报（自然科学版），2005（2）：155 – 158．

［103］朱明峰．基于循环经济的资源型城市发展理论与应用研究［D］．合肥：合肥工业大学博士学位论文，2005．

［104］朱训．21世纪中国矿业城市形势与发展战略思考［J］．中国矿业，2002（1）．

［105］Adebayo Adaralegbe. Energy Economic Development, the Environment and Effective Global Governance：An Introduction［J］. International Energy Law & Taxation Review, 2005（8）：189 – 195.

［106］Adriaande A. Environmental Policy Performance Indicators：A Study on the Development of Indicators for Environmental Policy in the Netherlands［M］. The Hague：Sdu Uitgeverij Koninginnegracht, 1993.

［107］Allenby B. R. Industrial Ecology：Policy Framework and Implementation［M］. New Jersey：Prentice – Hall, Inc., 1999.

［108］Aytes R. U. Industrial Metabolism：Theory and Policy［M］. National Academy Press, 2001.

［109］Casin P. A. Generalization of Principal Component Analysis to K Sets of Variables［J］. Computational Statistics and Data Analysis, 2001, 35（4）：417 – 428.

［110］Cherry Hu. 生态学［EB/OL］. http：//blog. sina. com. cn/s/blog_647f995a0100r82j. html, 2013.

［111］Cote C. R. E. Design Eco – industrial Parks：A Synthesis of Some Experiences［J］. Journal of Cleaner Production, 1998, 6（3）：181 – 188.

［112］Cote R., Hall J. Industrial Parks as Ecosystems［J］. Journal of Cleaner Production, 1995, 3（12）：41 – 46.

［113］Michaelis P. Waste Minimization and Economic Efficiency：Lesson from Germany［J］. Journal of Environmental Planning and Management, 1995：38 – 40.

［114］ Reijnders L. A Normative Strategy for Sustain Able Resource Choice and Recycling ［J］. Resources Conservation and Recycling, 2000, 28 （1）: 121.

［115］ Ross, Stuart, Evans, David. The Environmental Effete of Reusing and Recycling a Plastic-based Packaging System ［J］. Journal of Cleaner Production, 2003, 11 （5）: 561 - 571.